_____ 드림

불안한 금리
**부동산
수익률**이
답이다

**불안한 금리
부동산
수익률**이
답이다

초판 1쇄 인쇄 2017년 2월 13일
초판 1쇄 발행 2017년 2월 20일

지은이 백원기

발행인 장상진
발행처 (주)경향비피
등록번호 제 2012-000228호
등록일자 2012년 7월 2일

주소 서울시 영등포구 양평동 2가 37-1번지 동아프라임밸리 507-508호
전화 1644-5613 | **팩스** 02) 304-5613

ⓒ 백원기

ISBN 978-89-6952-150-7 03320

· 값은 표지에 있습니다.
· 파본은 구입하신 서점에서 바꿔드립니다.

감사의 말

항상 흔들리지 않는 모습으로 격려해주시는 아버지 백지완께

낳아주시고 길러주시고 넘치는 사랑을 주신 어머니 김수향께

나를 위한 기도를 멈추지 않는 사랑하는 아내 민은경에게

군 입대를 앞둔 든든한 아들 백현웅에게

말씀으로 양육해주시는 동탄 지구촌 교회 국진호 목사님께

기도로 힘주시는 최문식, 최종훈 목사님께

목장 모임으로 삶과 신앙을 함께 나누는 베스트목장 공동체에게

이 자리를 빌려 감사의 마음을 전합니다.

그리고 그 누구보다 나를 구원하시고

내 삶을 인도하시는 주님께 감사합니다.

동탄에서

새로운 소망을 품자! 뉴망(new望) 백원기

프롤로그

지금 건강한 부자가
될 준비가 되었는가?

제가 말하는 부자는 '건강한 부자'입니다. 건강한 부자는 육체적 건강과 더불어 정신적으로도 건강함을 의미합니다.

금융 시장이 개방되고 금리가 낮아지기 시작한 2000년대에 접어들어 재테크 열풍이 일면서 10억 만들기, 100억 만들기가 유행하였습니다. 돈을 많이 빨리 버는 것을 최고의 가치로 여기기도 했습니다. 10여 년이 지난 지금은 돈에 대한 중요도가 10여 년 전보다 더 높아진 것 같습니다.

저의 주변에도 40대 중반이 넘어가면서 물질적으로 아주 넉넉해지는 사람들이 늘고 있습니다. 그런데 안타까운 점은 물질적으로 너무 넉넉해지면 오히려 더 가정에 소홀해지고 가정이 깨지는 경우까지 있다는 것입니다.

2017년 현재 전 세계에는 UN회원국만 치더라도 193개의 나라가 있습니다. 그중에서 우리나라의 경제력이 10~11등이라고 하면 상위 5% 안에 드는 것입니다. 상위 5%는 매우 높은 성적입니다. 70억 인구 중에서 우리나라가 특별히 더 잘산다는 것은 그 돈으로 나만 잘 먹고 잘살라는 의미가 아니라 그 부의 일부를 가난한 이웃에게 나누라는 의미입니다.

모든 사람의 능력과 처지와 환경이 다르기 때문에 누구나 부자가 되는 것은 어렵습니다. 누구나 부자가 되는 것은 불가능합니다. 태어나 보니 한국일 수도 있고, 아프리카일 수도 있습니다. 부자 부모에게 태어날 수도 있고, 아닐 수도 있습니다. 부모가 금융 IQ가 높을 수도 있고, 아닐 수도 있습니다. 교육 환경도 다 다르고 어느 시기에 태어나는지도 모두 다릅니다. 그렇기 때문에 내가 이룬 부는 나만의 것이 아니므로 나와 다른 환경의 사람들과 나누어야 합니다.

자본주의 사회에서는 빈부의 격차가 가장 큰 문제입니다. 30억 원의 연봉을 받는 사람도 있고, 3,000만 원의 연봉을 받는 사람도 있습니다. 무려 100배의 차이가 납니다.

미국 대통령 선거에서 모든 사람의 예상을 깨고 트럼프가 당선되었습니다. 저는 그 이유를 사람들이 막말하는 트럼프보다 거짓말하는 금수저 엘리트 힐러리가 더 싫었기 때문이라고 생각합니다. 둘 다 싫지만 힐러리가 더 싫었던 것입니다. 아버지보다 가난해진 백인 중산

층은 지금의 상황이 어려운데 트럼프가 대통령이 되면 뭔가 변화가 생길 가능성이 있지만, 힐러리에게는 그런 가능성이 적었기 때문입니다. 즉 기성 정치와 빈부 격차로 분노한 백인 저소득층이 트럼프를 대통령으로 만든 것입니다.

어느 나라나 인재의 비율은 비슷합니다. 하지만 어느 나라는 부강해지고 어느 나라는 쇠퇴합니다. 공정하게 인재를 실력으로 선발하는 나라는 부강해지고, 불공정하게 귀족의 자재 위주로 인재를 선발하면 그 나라는 쇠퇴합니다.

학비가 너무 비싼 데다가 좋은 대학과 좋은 일자리를 정재계 인사들의 자녀들이 다 나누어 가진다면 배경이 없는 실력 있는 우수한 인재는 기회를 잃습니다. 그렇게 고착화된 사회가 바로 미래가 암담한 사회라고 생각합니다. 현재 미국과 우리나라는 똑같은 길을 걷고 있습니다.

어떤 사람이 열심히 노력해서 부자가 되었다면 칭찬받아야 합니다. 하지만 그 사람의 성공은 온전히 그 사람 자신만의 노력으로 된 것은 아닙니다. 사회 시스템과 타이밍 그리고 운이 복합적으로 작용한 것입니다. 성공한 사람의 부는 본인의 것만이 아닙니다. 그래서 부자는 어려운 이웃에게 기회를 제공해야 합니다.

성경 말씀 중에는 "낙타가 바늘구멍을 통과하는 것이 부자가 천국에 들어가는 것보다 쉽다."라는 구절이 있습니다. 또한 "너는 구제할 때에 오른손이 하는 것을 왼손이 모르게 하여 네 구제함을 은밀하게 하라. 은밀한 중에 보시는 너의 아버지께서 갚으시리라."(마태복음 6:3-4)라는 구절도 있습니다.

"낙타가 바늘구멍을 통과하는 것이 부자가 천국에 들어가는 것보다 쉽다."는 말은 부자라면 남을 도와주어서 자신이 부자인 상태(물질이 고여 있는 상태)로 있지 말라는 뜻으로 저는 해석합니다. 아무리 많이 벌어도 필요한 돈 외에는 모두 남에게 나누어준다면 부자가 아닙니다. 돈을 아무리 많이 벌어도 모두 나눈다면 부자가 될 수 없습니다. 우리가 선한 파이프의 역할을 한다면 돈을 많이 벌어도 부자가 되지 않습니다.

또한 고린도전서에 "사랑은 자랑하지 아니하며"라는 구절이 있습니다. 이것은 남이 알지 못하게 은밀하게 도우라는 뜻입니다. 우리는 남을 도우면서 그것을 널리 알리고자 합니다. 은근히 남이 알아주기를 바랍니다. 기부하고 사진 찍고, 인터뷰 합니다. 기부 금액을 광고할 필요는 없습니다. 그렇게 한다면 남을 위한 기부가 아닌 나를 자랑하기 위한 기부가 될 수 있습니다. 그래서 우리는 더 많이 벌고 더 많이 투자하고 더 많이 나누어야 합니다.

2009년에 출간한 저의 첫 책인 『노후를 위해 집을 저축하라』와 2016년에 개정판으로 다시 나온 『노후를 위해 집을 이용하라』에는

2007년 1월부터 투자했던 투자처의 10년간의 변화가 기록되어 있습니다. 10년간의 투자 기간 중 투자한 물건은 모두 투자 원칙을 정하고 그 안에서 투자한 것입니다.

그 10년 중에는 2008년 리먼 사태라는 금융 위기도 있어서 그로 인한 고금리 시기를 겪었습니다. 그때 저는 각종 신문과 텔레비전 뉴스를 통하여 부동산이 폭락한다는 이야기를 수도 없이 들었습니다. 그러나 그간 부동산의 가격은 전반적으로 하락했으나 저의 투자처는 가격 하락이 거의 없었고 매매, 전세, 월세가 대부분 상승하였으며 지금도 상승하고 있습니다.

그 이유는 현재 가치와 미래 가치를 파악하고 투자 원칙에 맞는 투자처만 선별하여 투자하였기 때문입니다. 2006~2007년은 재건축, 재개발이 유행하던 시점이었고 용인의 대형 아파트가 높은 경쟁률로 분양 마감되던 시점이었습니다. 저는 2007년부터 인구의 변화와 싱글 가구의 증가를 눈여겨보고 소형 아파트와 역세권 아파트에 투자하였고, 미래 가치(시세 차익)가 아닌 현재 가치(사용 가치)를 바탕으로 한 '수익률'을 분석한 투자를 하였습니다. 그 결과 지난 10년간 제가 투자한 부동산은 가격 하락 없이 꾸준한 시가 상승을 이루었습니다.

이 책을 읽으시는 분들도 나름의 투자 원칙을 세우고 그 원칙에 맞는 좋은 투자를 꾸준히 하시길 바랍니다. 아울러 이웃을 돕는 선한 부자가 되길 소망합니다.

왜 부자가 되어야 하는가?
어떻게 하면 부자가 되는가?
어떤 부동산에 투자해야 하는가?

차례

감사의 말 005
프롤로그 006

1장 '무(無) 리스크' 투자는 가능하다

전문 투자자는 아니어도 '좋은 투자자'는 될 수 있다 019
목표는 로 리스크가 아닌 '무리스크'다 024
수익률을 알면 백번 투자해도 위태롭지 않다 032
부를 이루는 것은 결코 쉽지 않다 039
자본주의는 인플레이션을 먹고 자란다 044
배우고자 하면 무엇이든 배울 수 있다 050

2장 수익률을 연금처럼 받는 투자를 하라

부자에 대한 정의를 만들어라 057
노후 연금처럼 받는 투자는 어떻게 할까? 062
1,000만 원이 생겼다면 당장 무엇을 해야 하나? 069
투자의 시작은 '투자 통장' 만들기다 073
은퇴 후 월 고정 수입 ○○○만 원을 목표로 잡자 083
노동 없는 부는 죄악인가, 필수인가? 088

3장 '가치 투자'는 최고의 투자법이다

부동산은 수익률이 가장 높은 투자처다 095
'가치 투자'는 최고의 투자법이다 098
투기 말고 '투자'를 해야 한다 103
집값을 결정하는 것은 '연봉'이다 107
새로운 10년은 어떤 부동산이 주목받을까? 114
투자의 타이밍은 언제가 좋을까? 118
부동산 가치는 이렇게 계산한다 123

4장 수익률을 알면 투자 가치가 보인다

수익률이 높으면 금리 인상을 견딜 수 있다 131
수익률을 알면 투자 가치가 보인다 135
임대 수익률은 이렇게 계산한다 139
수익률이 어느 정도면 투자할 만할까? 142
대출이 있으면 수익률 계산이 달라진다 147
부동산을 얼마에 사면 적당할까? 156
수익률과 매매가는 반비례한다 161
꾸준하게 매매가가 오르는 곳은 어디일까? 165
남이 계산한 수익률을 믿지 마라 169
수익률을 맹신하지 말고 대지 지분을 확인하라 173

5장 불경기 투자, 이것만은 고려하라

1억 원의 가치는 10년 후 얼마일까? 179
단리와 복리의 차이를 알아야 한다 189
앞으로 부동산 정책은 어떻게 변할까? 193
좋은 빚, 나쁜 빚, 보통 빚을 구분해야 한다 199
주거비를 따져보면 전세가 정말 득일까? 203
인구가 줄면 부동산 가격은 어떻게 바뀔까? 210
인공지능이 부동산에도 영향을 미칠까? 215
교통이 좋아지면 부동산 가격은 반드시 오른다 218
뉴스에서 개발 호재 소식을 찾아라 222
인플레이션(물가)을 이겨야 한다 228
투자처를 찾는 8가지 방법 234

부록

부동산 투자처 분석 사례 241

에필로그 267

1장

'무(無) 리스크'
투자는
가능하다

전문 투자자는 아니어도 '좋은 투자자'는 될 수 있다

제가 부동산에 관심을 둔 것은 대학 시절부터입니다. 하지만 정작 저의 큰 관심사는 사업이었습니다. 대학 시절에는 빨리 사회에 나가서 돈 벌고 경험 쌓고 회사 만들고 나만의 브랜드를 만들고 싶었습니다.

그 당시의 저는 자본주의 시대에는 빨리 돈 벌고 빨리 부자가 되는 것이 최선이라고 생각했습니다. 하지만 사업은 성공할 수도 있지만 망할 수도 있는 '리스크'가 있습니다.(경매에 나오는 수많은 물건이 남에게 부동산을 담보로 돈을 빌리고 갚지 못하여 나온 것입니다. 경매 물건만큼 많은 사업 실패가 존재합니다. 이 세상에는 성공하는 사람보다 실패하는 사람이 훨씬 더 많습니다.)

사람들은 자신에게 5,000만 원이 있으면 돈을 빌려 1억 원 규모의 사업을 하고, 자신에게 1억 원이 있으면 2억 원을 들여 사업을 합니다. 그래서 사업이 성공하지 못했을 때는 큰 부채가 생기므로 다시 회복하는 데 어려움을 크게 겪습니다. 사업은 좋은 아이디어만큼 그것을 실현시키는 능력이 중요합니다. 내가 모든 것을 다 관여하여 모든 일을 다 잘 감당할 수 있으면 좋겠지만, 각자가 받은 재능이 다르기 때문에 혼자서 모든 일을 할 수 없고 팀을 만들어 일해야 합니다.

사업가는 팀원들에게 동기를 부여하고 팀원이 자신의 능력을 발휘할 수 있도록 도울 수 있는 큰 그릇이 되어야 합니다. 그런데 그런 것들을 모두 갖춘 사람은 많지 않습니다. 그렇기 때문에 모든 사람이 노력한다고 해서 모두가 사업가로 성공하는 것은 아닙니다. 100명 중에서 20%인 20명이 성공하고 그 성공을 지속시킬 수 있는 사람은 20명 중에 20%인 4명입니다. 100명 중에서 불과 4명이 성공하고 그 성공을 지킬 수 있습니다. 저는 모든 사람이 사업가로 성공할 수 없다면 평범한 사람이 부자가 되는 방법이 무엇일지를 생각해보았습니다.

그것은 투자자가 되는 것이었습니다. 그 새로운 방향(투자)을 알게 된 그날부터 서점에서 책을 사고 인터넷으로 정보를 찾고 카페에 가입하고 세미나를 듣기 시작하였습니다. 투자, 부동산, 경매에 관련된 책을 10여 년간 수백 권 읽으면서 제가 추구한 방법은 '저위험 고수익' 투자였습니다. 투자도 잘 연구하면 안전하면서 수익이 높은 투자를 할 수 있습니다.

　워런 버핏이나 앙드레 코스톨라니처럼 투자의 전문가가 되지 않더라도 자신의 일을 꾸준히 하면서 남은 돈을 저축하고 그 돈을 투자하는 방법을 반복하면 사람은 누구나 부자가 될 수 있다는 것을 알았습니다. 그런데 투자의 세계도 성공률이 높지 않았습니다. 투자자도 모두가 성공하지는 않습니다. 투자로 돈을 버는 사람은 20%이고, 계속 불려가는 사람은 20%의 20%인 4%에 불과합니다.

　투자자 중에는 한때 투자계에서 유명했지만 어느 순간 사라지거나 공동 투자의 실패로 남의 돈을 갚지 못해서 고소를 당하고 구속된 경우도 많습니다.
　그 이유는 인간의 본성 때문입니다. 투자의 기본은 쌀 때 사고 비쌀 때 팔고 이익이 생기면 현금화하는 것입니다. 어떤 투자자는 이것을 '쌀사 비팔 빼'라는 단어로 표현하였습니다.
　쌀 때 사고 비쌀 때 파는 것은 투자의 기본입니다. 그러나 인간의 본성은 쌀 때 사기 싫고 비쌀 때 사고 싶습니다. 이 본성을 누르고 쌀 때 사기 위해서는 가치 평가가 정확하게 이루어져야 합니다. 정확한 가치 평가를 할 수 있어야 물건이 싼 것인지 비싼 것인지를 알 수 있습니다. 이 책에서 저는 가치 평가의 방법을 제시하겠습니다.

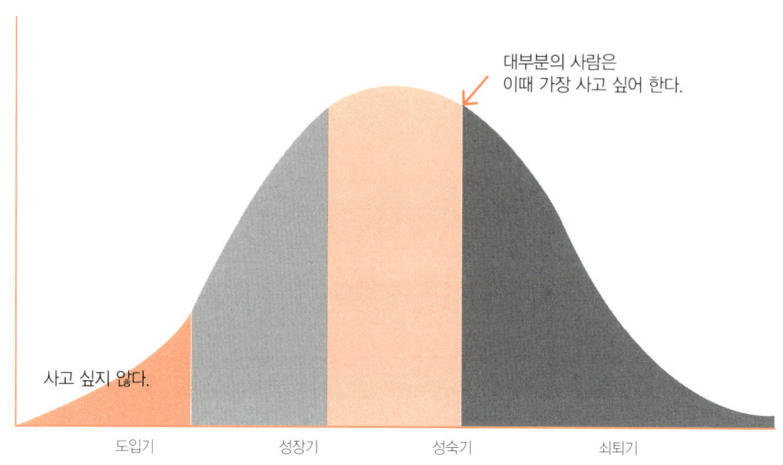

가격에 따른 매수심리의 변화

　초보 투자자는 거의 누구나 성공합니다. 그 이유는 초보 투자자는 모두가 흥분하는 시기인 시장이 달아오를 때(성장기) 투자를 시작하기 때문입니다. 투자 전문가는 이렇게 말합니다.

　"경매 시장에 많은 사람이 몰리고 아이를 업은 엄마와 장바구니를 든 분들이 나타나면 경매 시장에서 빠져나와야 합니다. 전문 주식 투자라고 자신의 직업을 밝히면 주위에 사람들이 몰려들어 주식에 대하여 물어보면 주식을 팔 때이고, 자신의 직업을 밝혀도 반응이 무덤덤하거나 무관심할 때가 주식을 살 때입니다."

　초보 투자자는 경매 시장에 많은 사람이 몰리고 증권 전문가에게 관심이 많이 생길 때에 투자를 시작합니다. 도입기를 지나서 성숙기에 도달하였기 때문에 가격이 많이 상승하고 모두가 흥분한 상태입니다. 이때는 무엇을 사도 오를 듯한 분위기이기 때문에 의욕과 열정이 가득합니다. 하지만 곧 성숙기를 지나 쇠퇴기에 돌입합니다. 성장기에 올랐던 약간의 가격 상승이 매수한 가격 이하로 떨어지게 되고 그러면 시장에 실망하고 맙니다. 곧 시장에서 떠나고 다시 성장기가 올 때까지는 관심을 두지 않으며 다시 이런 사이클이 반복되어도 이것이 사이클인지를 알지 못합니다.

진짜 전문가는 도입기에 시장에 진입하여 성장기를 지나 성숙기에 매도합니다. 아니 그렇다고 합니다. 하지만 전문가도 지금이 최고 상투(최고로 오른 주식 시세를 속되게 이르는 말)인지는 알지 못합니다. 최고점은 그 시점이 지난 후에야 알 수 있습니다. 제가 아는 한 IMF를 예견한 이도, 리먼 사태를 예견한 이도 없었습니다. 다 지난 후에야 그때 그 사건이 있었다고 말하는 것입니다. 어쨌든 전문가는 사이클을 읽을 수 있지만 일반 투자자는 그 사이클을 알기가 쉽지 않습니다.

그렇다면 전문 투자자가 아니라면 좋은 투자를 할 수 없을까요? 제가 제안하는 답은 수익률을 분석하라는 것입니다. 수익률을 알면 전문 투자자가 아니더라도 성공적인 투자를 할 수 있습니다.

목표는 로 리스크가 아닌 '무(無) 리스크'다

수익률과 안전성은 반비례합니다. '하이 리스크 하이 리턴', '로 리스크 로 리턴'이라고 합니다. 이제는 은행에서도 펀드를 위탁 판매합니다. 펀드를 판매할 때 은행에서는 당신이 젊은지, 공격적 투자 성향을 가졌는지를 묻습니다. 그래서 젊고 고수익을 바란다면 하이 리스크 상품에 투자하고, 나이가 많고 보수적이라면 로 리스크 상품에 투자하라고 합니다.

저는 이 말이 맞지 않다고 생각합니다. 펀드는 진입 시점에 주가가 싸게 형성되었는지가 중요하지, 위험이 적다고 말해도 위험이 없는 것은 아니기 때문입니다. 리스크가 있다는 것은 원금의 손실이 있다는 이야기입니다.

　전 세계에서 두 번째로 자산이 많은 것으로 알려진 워런 버핏은 단 한 번도 펀드 수익률에서 1등을 한 적이 없다고 합니다. 하지만 워런 버핏은 일생을 통하여 단 한 번만 마이너스 수익률이 있었습니다. 수익률이 1등이었던 수많은 투자자는 1등과 낮은 성적을 오가다가 몇 년 후에 투자의 세계에서 사라졌습니다. 워런 버핏은 1930년생으로 현재 87세입니다. 워런 버핏은 50세 이후에 전체 재산의 99%를 축적했는데, 그것의 95%는 60세 이후에 이룬 것이라고 말했습니다.

1억 원을 50%의 상승과 50%의 하락으로 10회 투자하면 어떤 결과가 나올까요?

(1) 1억 원이 50% 상승하면 1억 5,000만 원이 되고 또 50% 하락하면 7,500만 원이 됩니다.

(2) 다시 50% 상승하면 1억 1,250만 원이 되고 또 50% 하락하면 5,625만 원이 됩니다.

(3) 다시 50% 상승하면 8,437만 원이 되고 또 50% 하락하면 4,218만 원이 됩니다.

(4) 다시 50% 상승하면 6,328만 원이 되고 또 50% 하락하면 3,164만 원이 됩니다.

⑸ 다시 50% 상승하면 4,746만 원이 되고 또 50% 하락하면 2,373만 원이 됩니다.

⑹ 다시 50% 상승하면 3,559만 원이 되고 또 50% 하락하면 1,779만 원가 됩니다.

⑺ 다시 50% 상승하면 2,669만 원이 되고 또 50% 하락하면 1,334만 원이 됩니다.

⑻ 다시 50% 상승하면 2,002만 원이 되고 또 50% 하락하면 1,001만 원이 됩니다.

⑼ 다시 50% 상승하면 1,501만 원이 되고 또 50% 하락하면 750만 원이 됩니다.

⑽ 다시 50% 상승하면 1,126만 원이 되고 또 50% 하락하면 563만 원이 됩니다.

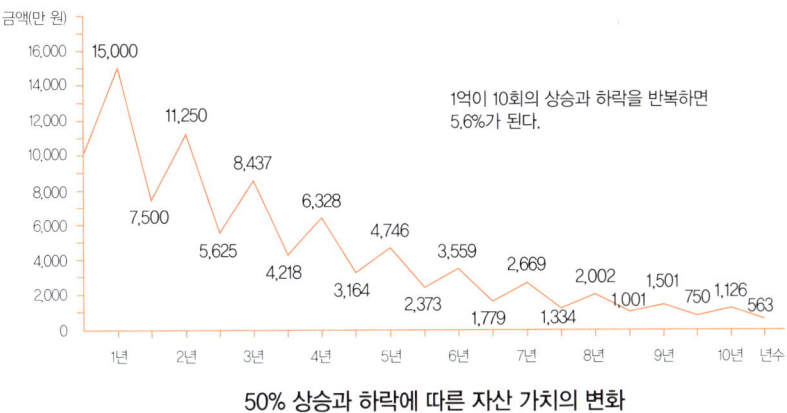

50% 상승과 하락에 따른 자산 가치의 변화

위 그래프를 보면 1억 원이 10번의 상승과 하락을 했을 때 563만 원으로 변했습니다. 원금이 5.6%로 줄어든 것입니다.

수익률이 아무리 높아도 하락을 하면 아무 소용이 없습니다. 많은 펀드가 ○○년도 수익률 1위, 수익률 상위 1%라고 합니다. 중요한 것은 한때가 아닌 장기간 1위를 해야 합니다. 오히려 작년에 1위를 한 펀드가 올해 하락할 확률이 더 높습니다. 투자는 바닥에 있을 때 진입하기 때문입니다.

이것이 의미하는 바는 무엇일까요? 바로 우리는 무(無) 리스크에 도전해야 한다는 사실입니다. 리스크 없이 상승할 수 있는 투자를 추구해야 합니다. 이것이 저 위험 고수익 투자입니다.

이번에도 똑같이 1억 원을 투자합니다. 크게 높지 않은 수익률 5%와 5년에 한 번 50% 상승이 있다면 어떻게 될까요?

(1) 1억 원이 5% 상승하면 1억 500만 원이 됩니다.

(2) 1억 500만 원이 또 5% 상승하면 1억 1,000만 원이 됩니다.

(3) 1억 1,000만 원이 또 5% 상승하면 1억 1,576만 원이 됩니다.

(4) 1억 1,576만 원이 또 5% 상승하면 1억 2,155만 원이 됩니다.

(5) 1억 2,155만 원이 50% 상승하면 1억 8,232만 원이 됩니다.

(6) 1억 8,232만 원이 또 5% 상승하면 1억 9,144만 원이 됩니다.

(7) 1억 9,144만 원이 또 5% 상승하면 2억 101만 원이 됩니다.

(8) 2억 101만 원이 또 5% 상승하면 2억 1,106만 원이 됩니다.

(9) 2억 1,106만 원이 또 5% 상승하면 2억 2,161만 원이 됩니다.

(10) 2억 2,162만 원이 50% 상승하면 3억 3,242만 원이 됩니다.

이번에도 똑같이 1억 원을 투자했습니다. 크게 높지 않은 수익률 5%와 9년에 한 번 50% 상승이 있었다면 어떻게 될까요?

(1) 1억 원이 5% 상승하면 1억 500만 원이 됩니다.

(2) 1억 500만 원이 또 5% 상승하면 1억 1,000만 원이 됩니다.

(3) 1억 1,000만 원이 또 5% 상승하면 1억 1,576만 원이 됩니다.

(4) 1억 1,576만 원이 또 5% 상승하면 1억 2,155만 원이 됩니다.

(5) 1억 2,155만 원이 또 5% 상승하면 1억 2,762만 원이 됩니다.

(6) 1억 2,762만 원이 또 5% 상승하면 1억 3,400만 원이 됩니다.

(7) 1억 3,400만 원이 또 5% 상승하면 1억 4,070만 원이 됩니다.

(8) 1억 4,070만 원이 또 5% 상승하면 1억 4,774만 원이 됩니다.

(9) 1억 4,774만 원이 또 5% 상승하면 1억 5,513만 원이 됩니다.

(10) 1억 5,513만 원이 50% 상승하면 2억 3,269만 원이 됩니다.

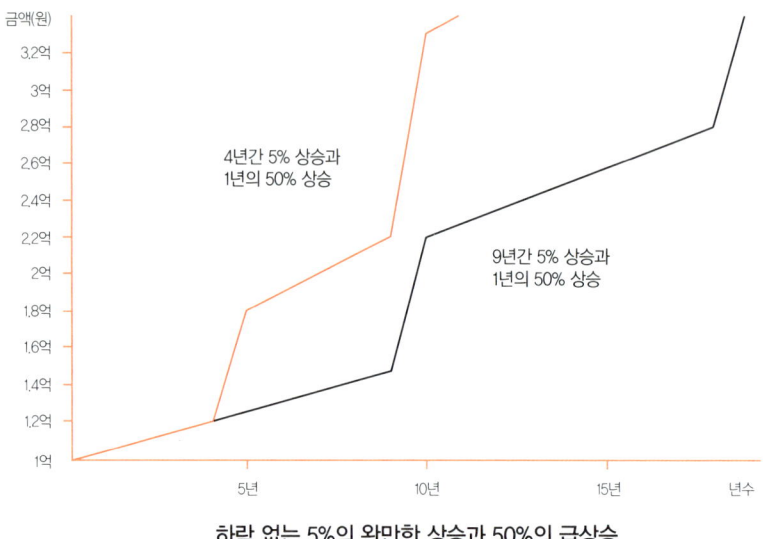

하락 없는 5%의 완만한 상승과 50%의 급상승

위의 그래프를 보면 이 경우는 1억 원이 3억 3,242만 원으로 증가했습니다.

첫 번째 경우는 10번의 상승과 하락을 반복하는 동안 1억 원이 563만 원으로 변했고, 두 번째 경우는 10년간 8번의 5% 상승과 2번의 50% 상승만으로 1억 원을 3억 3,242만 원으로 만들었습니다.

한때 50만 원이 넘었던 현대중공업 주식은 10년도 안 되어 10만 원대로 하락하였습니다. 한때 강남 최고의 아파트라 불렸던 도곡렉슬은

10년 전과 가격이 비슷합니다.

  모든 문제는 시세 차익입니다. 사냥꾼식 투자법이 문제입니다. 이 투자법은 막 오르는 것을 찾아내어서 그것을 재빨리 사고 충분히 오르면 파는 식입니다. 문제는 시장을 정확히 읽어야 하고 재빨리 행동해야 하며 한 번의 실수도 있어서는 안 된다는 것입니다. 9번 성공해도 1번 실패하면 그간의 이익을 잃을 수 있기 때문입니다.

수익률을 알면
백번 투자해도 위태롭지 않다

10년 전 재개발 바람이 불었을 때입니다. 아파트 한 채를 사서 팔고 두 채를 사서 팔고 네 채를 사서 팔고 여섯 채를 샀을 때, 재개발 계획이 무산되고 가격이 하락하면서 그간의 이익을 잃고 팔리지도 않는 상황이 벌어졌습니다.

주식도 테마주라고 하여 그 당시의 유행을 타는 주식이 있습니다. 가격이 오르기 시작하면 모두가 추격 매수(가격이 오를 때 계속 사들이는 것)를 하고 끝없이 오를 것 같은 환상에 사로잡힙니다. 지금이 상투라 생각하여 매각한 후에 더 오르면 참지 못하고 다시 매입하기도 합니다. 하지만 결과는 가파른 하락입니다. 미처 손절(주식이 손실 중일 때 더 큰 손실을 막기 위해 파는 것)할 틈도 없이 순식간에 하락합니다.

이런 일이 생기는 이유는 현재의 가치를 제대로 평가하지 못하기 때문입니다. 그래서 가격이 비쌀 때 추격 매수를 하는 것입니다.

이 문제의 해결 방법은 수익률 투자입니다. 사냥꾼이 아닌 농사꾼 투자법입니다. 부동산에는 월세형 부동산이 있고 주식에는 배당주가 있습니다. 월세형 부동산과 배당주가 수익률 투자입니다. 수익률은 1년간의 현금 흐름 ÷ 투자금입니다. 아주 간단한 공식입니다.

> 1만 원 주식에 1년간 배당금이 300원이 나온다면 3% 배당주입니다. 300 ÷ 10000 = 0.03입니다. 이것을 %로 변환하려면 × 100을 하면 됩니다. 3%가 나옵니다.
>
> 이 1만 원짜리 주식의 가격이 하락하면 수익률에 변화가 옵니다.
> 가격이 9,000원으로 하락하면 수익률은
>   300 ÷ 9000 × 100 = 3.3%
> 가격이 8,000원으로 하락하면 수익률은
>   300 ÷ 8000 × 100 = 3.75%

가격이 7,000원으로 하락하면 수익률은

300 ÷ 7000 × 100 = 4.28%

가격이 6,000원으로 하락하면 수익률은

300 ÷ 6000 × 100 = 5%

가격이 5,000원으로 하락하면 수익률은

300 ÷ 5000 × 100 = 6%

가격이 4,000원으로 하락하면 수익률은

300 ÷ 4000 × 100 = 7.5%

가격이 3,000원으로 하락하면 수익률은

300 ÷ 3000 × 100 = 10%

가격이 2,000원으로 하락하면 수익률은

300 ÷ 2000 × 100 = 15%

가격이 1,000원으로 하락하면 수익률은

300 ÷ 1000 × 100 = 30%

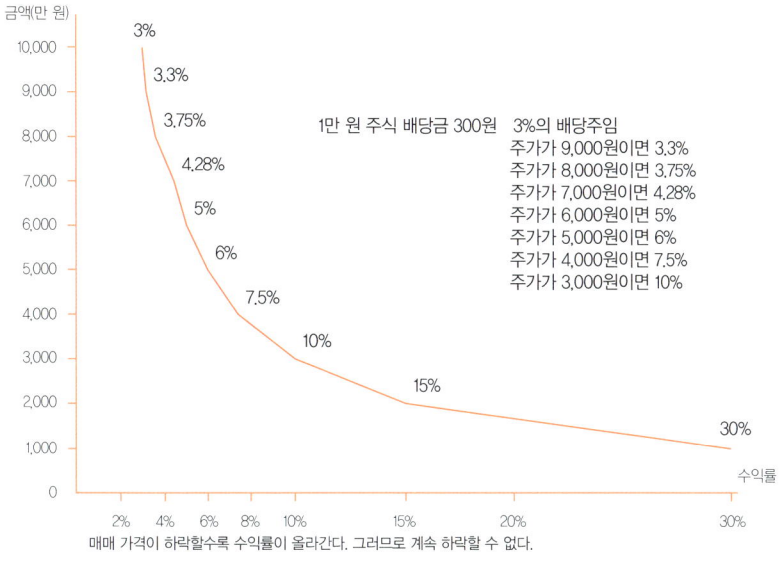

가격 하락과 수익률 상승 관계

　가장 눈여겨보아야 할 부분은 가격과 수익률은 반비례한다는 것입니다. 가격이 하락할수록 수익률이 더 올라갑니다. 가격이 하락할수록 수익률이 올라간다는 것은 대단한 장점입니다. 돈은 조금이라도 더 높은 수익률로 흘러가고 그렇게 수요가 늘어나면 다시 가격이 올라갑니다. 하방경직(下方京直, 가격이 쉽게 떨어지지 않는다는 의미)성이 있다는 것입니다.

　그러므로 이는 안전한 투자이고 돈을 잃지 않고 손실 없는 투자라는 뜻입니다. 투자에서 손실이 0이라는 것은 이미 승리했다는 뜻입니다. 잃지 않으면 무조건 승리합니다. 승리의 크고 작은 차이만 있을 뿐입니다.

　1만 원 주식이 1,000원이 되면 휴지 조각이 되었다고들 모두 이야기합니다. 그런데 수익률이 30%가 되었습니다. 요즘 같은 저금리 시대에 30%의 수익률이 존재할 수가 있을까요? 존재할 수 없습니다.
　저의 생각으로는 7,000원만 되어도 이미 은행 이자의 세 배(4.28%)가 되기 때문에 이미 사람들이 다시 몰려들어 사기 시작하고, 가격이 오르면 더 많은 사람이 몰려들기 때문에 가격은 반드시 오릅니다. 그럴 때 힘이 응축되면 오히려 1만 원이 넘을 수 있습니다.
　그러므로 수익률을 기반으로 한 투자 물건은 일정 가격 이하로 하락할 수 없습니다. 가격이 하락하여 수익률이 올라가면 투자자들이 그 물건을 사고 싶어 하고 많은 사람이 그 물건을 사려고 하면 가격은 다시 오르기 마련이기 때문입니다. 그래서 가격이 하락할 수 없습니다.

　잃지 않는 투자가 가장 강한 투자입니다.
　수익률을 기반으로 한 투자를 하면 가격 하락을 막을 수 있습니다. 가격이 하락하지 않는 투자는 위태롭지 않은 투자입니다. 손해를 보지 않는 투자입니다. 손해 보지 않는 투자는 이미 이긴 투자입니다. 투자할 때 벌써 승리한 게임입니다.

싸움에서 승리하는 군대는 먼저 이겨놓은 뒤에 싸운다. 패배하는 군대는 먼저 싸움을 시작해놓고 뒤에 이기려고 한다.

-『손자병법』중에서

워런 버핏도 이런 투자를 하였습니다. 수익률을 기반으로 한 투자는 절대 돈을 잃지 않는 비책입니다. 일단 잃지 않는 방법을 알았다면 투자는 50% 이상 성공한 것입니다. 여기에 더하여 가격이 오를 요소를 파악하면 됩니다. 그것은 지하철(교통)과 일자리(개발 호재)입니다. 이것을 찾는 방법은 뒤에서 설명하겠습니다.

워런 버핏의 투자 원칙

투자의 제1원칙 : 절대로 돈을 잃지 마라.

투자의 제2원칙 : 제1원칙을 절대 잊지 마라.

가치 투자의 달인 워런 버핏의 또 다른 투자 원칙이 있습니다.

1. 시가 총액이 전체 상장사의 30% 이내인 기업
2. 최근 3년간 ROE(Return On Equity, 자기 자본 이익률)가 10% 이상인 기업

3. 매출액 이익률이 업종 평균 이상인 기업
4. 주당 현금 흐름이 상위 30% 이내인 기업
5. 최근 3년간 평균 시가 총액 증가율이 자본 총계 증가율 이상인 기업
6. 향후 5년간 예상되는 현금 흐름의 합계가 현 시가 총액 이상인 기업

주식을 잘 모르는 사람은 내용이 어려울 수 있습니다. 하지만 간단하게 말하면 돈 잘 버는 기업에 투자하라는 것이고, 더 간단히 말하면 수익률이 좋은 주식에 투자하라는 말입니다.

마찬가지로 부동산은 돈 잘 버는 부동산에 투자하면 됩니다.

금융 전문가들은 하이 리스크 하이 리턴(고 위험 고 마진), 로 리스크 로 리턴(저 위험 저 마진)이라고 말합니다만 그렇지 않습니다. 투자는 리스크를 제거하는 것이 우선이고 거기서 좋은 수익이 발생하여야 합니다. 이 책을 통하여 '안전한 고수익 투자법'인 로 리스크 하이 리턴 수익률 부동산 투자법을 설명하겠습니다.

부를 이루는 것은
결코 쉽지 않다

우리는 지금 자본주의 시대에 살고 있습니다. 자본주의를 간단하게 말하면 이윤 추구를 목적으로 하는 자본이 지배하는 경제 체계라고 말할 수 있습니다. 자본주의는 이윤 획득을 위한 상품 생산, 화폐 경제, 사유 재산제에 바탕을 둔 자유 경제의 의미로도 쓰입니다.

이윤을 목적으로 하는 자본은 대기업 주식회사를 말합니다. 기업은 돈을 벌어야 합니다. 이윤을 추구합니다. 이윤을 추구하기 위해 더 좋은 상품, 더 편리한 상품을 만들기 위하여 끊임없이 노력하고 잘 만든 상품을 잘 팔기 위하여 갖은 노력을 합니다. 광고 영업 판촉 활동도 합니다. 문제는 극소수를 제외한 모두가 물건을 팔기 원한다는 점입니다. 모두가 나의 소비자가 되기를 원합니다. 그래서 금융에 대한, 경제에 대한, 음식에 대한, 건강에 대한 교육은 공교육의 교육 과정에서 빠져 있습니다.

정치인은 일반인에 비하여 급여를 많이 받습니다. 하지만 선거를 하려면 월급으로는 감당할 수 없는 천문학적인 돈이 필요합니다. 결국 대기업의 후원을 받을 수밖에 없고 당선된 후에는 대기업에 유리한 정책을 만들어줄 수밖에 없습니다.

한편 노동력이 상품화되어 대부분의 사람은 회사에 소속된 직원으로 일을 합니다. 일을 하고 급여를 받고 소비를 합니다. 문제는 급여를 받은 대부분을 소비한다는 것입니다. 왜냐하면 우리는 그렇게 교육받았기 때문입니다.

어려서부터 용돈을 받고 그 용돈을 다 사용하고 부족하면 또 용돈을 받습니다. 한 번 길들여진 소비의 행태는 결코 바뀌지 않고, 계속 그 양이 늘어납니다. 그래서 더 많은 돈을 벌기 위하여 노력합니다. 그러다 보니 더 많은 시간을 일해야 합니다. 그럴 경우 가족과의 관계에 문제가 생길 수 있습니다. 집보다 회사가 편하다고 주말에도 회사에서 일하는 사람들이 생기기도 합니다. 대부분 가장의 경우에 일중독이 되어 가족과 보내는 시간이 적습니다. 사춘기에 돌입한 자녀는 이런 아버지를 피합니다. 결국 많은 아버지가 집보다 회사를 더 편하게 느끼고 집에는 모두가 잠든 시간에 조용히 들어갑니다.

기업은 이윤 추구가 최우선 목적이므로 직원에게 급여를 많이 주지 않습니다. 직원이 회사를 그만두지 않을 만큼의 급여를 지급합니다. 또한 전 세계의 기업과 경쟁해야 하므로 대기업조차도 안정이 보장되지 않습니다.

1980년대에 소니의 워크맨을 본 저로서는 삼성전자가 소니를 앞지른 것이 믿기지 않습니다. 또한 1990년대 초반에는 노키아 핸드폰이 대세였기에 삼성이 노키아와 모토로라를 앞선 것이 믿기지 않습니다. 중국의 화웨이와 샤오미가 이렇게 빨리 삼성 제품을 따라온 것 또한 믿기지 않습니다. 이처럼 전 세계의 기업이 이윤 획득을 위하여 모두 전력 질주를 하고 있습니다.

자본가는 자본을 투자하고 이익을 얻습니다. 엄청난 부를 이룬 애플의 스티브 잡스도 사업 초창기에는 어마어마한 어려움이 있었다고 실토하였습니다. 투자자를 찾는 것이 매우 어려웠다고 했습니다. 그러나 초창기 애플에 투자한 투자자는 투자한 자본에 비해 어마어마한 수익을 거두었습니다. 대주주가 되었기 때문입니다.

벤처 사업가는 작은 아이템을 만들고 키워서 투자자를 유치하여 큰 회사를 만드는 것이 목표이고, 투자자는 면밀하게 검토해서 가능성 있는 벤처 기업을 찾아내어 투자하여 수익을 얻습니다. 이것이 자본주의입니다. 민주주의란 (귀족이 아니라) 국민이 최고란 뜻입니다. 공산주의란 (사유재산이 아닌) 모두 함께 생산하고 똑같이 나누는 것이 최고란 뜻입니다. 마찬가지로 자본주의란 자본이 최고란 뜻입니다.

무엇보다 기쁜 소식은 지금은 누구나 자본을 가질 수 있는 시대가 되었다는 것입니다. 봉건 시대에는 땅을 아무나 소유할 수 없었습니다. 땅이라는 유일무이의 최강 자본을 가진 자는 귀족이었으며, 귀족에게 땅을 나누어줄 권한을 가진 자가 왕이었습니다. 그래서 귀족은 왕에게 복종하고, 평민은 귀족에게 복종하였습니다. 평민은 귀족에게 땅을 빌려서 농사를 짓고 절반을 귀족에게 바쳤던 것입니다. 평민은 아무리 노력하여도 땅을 가질 수 없었습니다.

우리가 자본이 최고인 자본주의 시대에 살고 있고, 자본을 가질 수 있는 시대에 살고 있다면 자본을 가지기 위하여 노력해야 합니다. 세계적인 베스트셀러 『부자아빠 가난한 아빠』의 저자 로버트 기요사키는 자산(자본)과 부채를 아주 간단하게 구분하였습니다.

> 자산 : 내 주머니에 돈이 들어오는 모든 것
>
> 부채 : 내 주머니에서 돈이 나가는 모든 것
>
> (※ 아내와 자녀는 부채에서 제외합니다.)

보통 사람들은 사자마자 가치가 하락하는 옷·가방·시계·차 등을 구입하면서 부자가 된 듯한 착각을 하지만, 부자는 현금 흐름이 발생하는 자산을 구입하기 위하여 노력합니다. 그것이 부자와 일반인의 차이입니다. 자본주의 시대란 나의 자본이 최고인 시대이므로 나의 머리와 몸을 이용하여 돈을 벌고 더불어 자본을 이용해서 자본이 일하게 하여 돈을 벌 수 있습니다. 자본이 일하는 시대가 자본주의 시대입니다.

가계는 노동력을 제공하고, 기업은 일자리를 제공하고, 정부는 세금을 걷고 공공 서비스를 제공합니다. 가계가 가장 약자일까요? 로버트 기요사키는 돈을 버는 방식에 따라서 봉급생활자, 사업가, 자영업자(전문직), 투자가 이렇게 넷으로 나누었습니다.

여기에서 가장 안정적으로 살 수 있는 사람은 봉급생활자입니다. 사업가나 자영업자는 소득이 더 많지만 수입이 일정하지 않기 때문입니다. 봉급생활자, 사업가, 자영업자(전문직), 투자자 이렇게 네 종류의 사람 중에서 가장 수입이 적은 사람은 봉급생활자입니다. 하지만 안정적 수입과 절약을 통하여 투자를 병행하면 봉급생활자가 가장 안정적인 부자가 될 수 있습니다. 자본주의 시대를 사는 사람은 반드시 자본을 이용한 투자자가 되어야 합니다.

자본주의는 인플레이션을 먹고 자란다

자본주의 사회에는 부자와 서민이 있습니다. 그런데 자본주의 시스템은 모두가 법 앞에서 평등한 것처럼 보이지만 자세히 보면 부자들에게 더 유리합니다. 부자는 이미 기득권층이고 기득권층은 그 사회가 변화하길 원하지 않습니다.

그 사회를 변화시킬 수 있는 사람은 정치인입니다. 정치인은 법과 정책과 규제를 만들 수 있는 강력한 힘이 있습니다. 그 힘으로 세금과 법을 통하여 부를 재분배할 수 있습니다. 그리고 평등을 원하는 대다수의 서민이 있습니다.

자본주의 사회는 부자에게 유리합니다. 법과 규제에서 그렇습니다.

세금도 부의 비율로 보았을 때 더 적게 냅니다. 그 이유는 선거에 너무 많은 돈이 들기 때문입니다. 어마어마한 돈이 사용되는 선거를 치르기 위해서 부자의 도움을 받고 선거가 끝난 후에 정책과 법으로 부자에게 특혜를 주기 때문입니다.

공산주의와 자본주의의 냉전 체제에서 자본주의가 승리한 것처럼 보이지만 금융 위기를 통해 본 것처럼 가진 자 1%와 나머지 99%의 갈등이 점점 더 커지고 있습니다.

자본주의를 다른 말로 하면 상업주의라고 할 수 있습니다. 상업주의란 '이윤 추구를 목적으로 하는 주의'로 영리주의(營利主義)라고도 합니다. 즉 이 사회가 우리에게 바라는 것은 우리 모두가 소비자가 되는 것입니다. 우리는 근로자이면서 소비자입니다. 그렇게 소비하도록 교육을 받았습니다. 텔레비전 광고와 영화, 드라마는 그렇게 우리를 세뇌시킵니다.

학교에서는 돈을 가르치지 않습니다. 돈을 사용하는 방법을 가르쳐 주는 곳이 없습니다. 돈 문제를 해결하는 유일한 방법은 돈을 더 버는 것입니다. 돈을 더 벌기 위하여 좋은 학교에 가야 하고, 좋은 회사에 취직해야만 합니다. 좋은 회사에 취직하지 못하면 좌절합니다. 상업주의 시대에는 스스로 깨닫기 전에 절약과 저축과 투자를 가르치지 않습니다. 오히려 두려움을 가르칩니다. 주식 반 토막, 부동산 폭락 등의 말로 투자에 대해 두려움의 선입견을 갖게 합니다.

우리는 어릴 때부터 용돈을 받으면 거의 다 씁니다. 용돈은 항상 부족합니다. 이 문제를 해결하는 방법은 용돈을 더 받는 것입니다. 일부 경제관념이 있는 사람은 저축의 단계까지 나아가긴 하지만, 더 비싼 물건을 사게 될 뿐 투자의 단계에는 가지 못합니다. 간신히 투자의 단계에 들어서도 남들이 제안하고 추천하는 분양, 펀드, 보험을 선택하도록 사회가 구조화되어 있습니다. 스스로 투자하는 법을 배우지 못합니다. 그래서 약간의 여윳돈이 생겨도 투자하지 못하고 대부분 소비해버립니다.

달러는 1944년 7월에 브레튼우즈 협정을 통하여 전 세계의 기축 통화가 됩니다. 2016년 현재에서 불과 72년 전입니다. 35달러에 금 1온스를 주겠다고 약속했습니다. 하지만 미국은 베트남 전으로 달러를 많이 찍어내게 되고 달러의 가치가 하락하게 됩니다. 하지만 미국은 금을 더 확보하는 것이 어려웠습니다. 그리고 더 많은 돈이 필요하였습니다. 그래서 미국은 1971년 '금태환제'를 철폐하였습니다. 더 이상 달러와 금을 바꿀 수 없다는 뜻입니다.

이 사건은 2016년에서 불과 45년 전의 일입니다. 이것은 금으로부터 자유로운 화폐의 출현이며 '세계 역사상 가장 큰 경제적 사건'입니다. 그리고 한국은 1997년 IMF를 겪으면서 금융시장을 개방하였습니다. 불과 17년 전의 일입니다. 한국은 고성장 고금리 시대에서 저성장 저금리의 시대에 진입하였습니다. 그리고 2002년부터 화려한 재테크의 시대가 펼쳐졌습니다.

　은행은 예금과 적금만 팔다가 펀드, 보험, 신용카드, 체크카드, 텔레뱅킹, 인터넷뱅킹을 팔기 시작하였습니다. 그리고 사람들은 은행 이자가 물가 상승률보다 낮다고 생각하여 투자가 최고라고 생각이 바뀌기 시작하였습니다.

-『자본주의』중에서

　자본주의의 큰 문제 중 하나는 돈을 계속 찍어낼 수밖에 없는 시스템입니다. 통화량의 증가와 물가의 상승은 정확하게 일치합니다. 미국이 돈을 찍어내고 우리나라도 찍어냅니다. 한 세미나에서 사회자가 부동산 전문가에게 강남 아파트가 평당 분양가 1억 원 하는 시대가 올 수 있는지를 물어보았습니다. 답은 당연히 "온다."입니다. 이미 강남은 일부 지역이 평당 5,000만 원을 돌파하였습니다. 5,000원 하는 자장면이 10만 원 하는 시대가 올 수 있듯이 강남 부동산의 평당 분양가가 5,000만 원에서 10억 원이 되는 시대도 반드시 옵니다. 시간의 문제일 뿐입니다.

　돈의 양이 많아지지 않으면 경제가 돌아갈 수 없는 시대가 자본주의 시대입니다. 돈을 찍어 낼 수밖에 없기 때문에 돈의 가치는 하락할 수밖에 없습니다. 인플레이션(물가 상승)이 크게 일어나는지 적게 일어나는지의 차이일 뿐 돈의 가치는 결국 하락합니다. 물가는 대표적인 복리입니다. 내 돈을 지키기 위해서는 물가를 뛰어넘는 복리 수익을 얻어야만 합니다. 물가는 소리 없이 봉급생활자의 급여를 감소시킵니다.

적금, 예금, 주식, 펀드, 보험은 인플레이션에 취약합니다. 저축은 물가를 따라 잡을 수 없고, 투자 수익은 물가 상승분을 제한 것이 실제의 수익입니다. 그래서 우리는 돈을 벌고 번 돈을 모으고 가격이 하락하지 않는, 복리로 가격이 오를 수 있는 실물 자산인 부동산으로 바꾸어야 합니다. 그리고 그것을 반복해야 합니다. 부동산은 자산의 가치 하락을 막아주면서 현금 흐름을 만들어주는 가장 좋은 투자처입니다. 투자처와 투자법은 연구와 분석을 하여 원칙을 가져야 합니다.

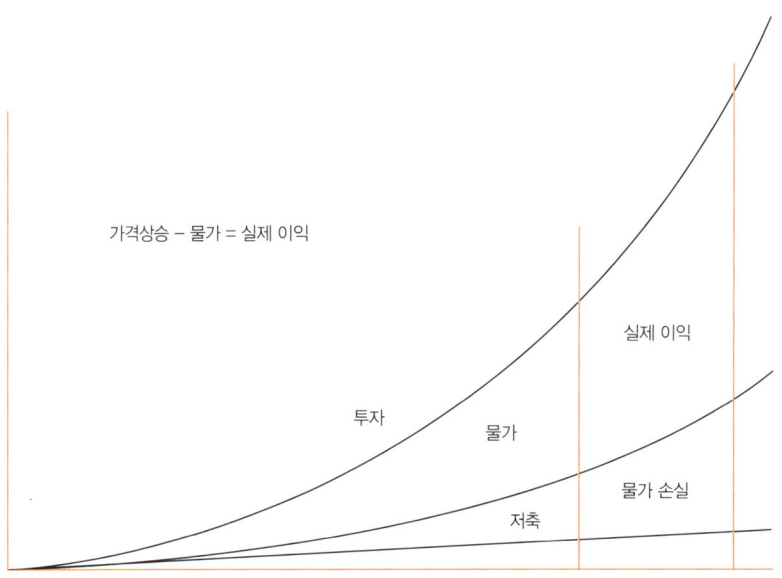

시간의 흐름에 따른 저축과 물가와 투자의 비교

자본주의의 문제를 해결하는 방법은 국가와 기업의 복지와 개인의 나눔입니다. 먼저 자신의 경제적 문제를 해결하고, 이웃을 돕는 삶의 실천이 있어야 합니다. 나 하나로 시작된 나눔이 자본주의 시대의 문제를 해결할 수도 있습니다.

배우고자 하면
무엇이든 배울 수 있다

우리가 살고 있는 인터넷 시대는 오픈된 정보를 가지고 새로운 트렌드를 분석해낼 수 있는 사람에게는 놀라운 기회가 열려 있습니다. 예를 들어서 kb 시세를 조사하여 국민은행 사이트에 올리는 직원이 있다고 합시다. 그런데 그는 부동산 투자를 전혀 할 줄 모르고, 자신이 분석하는 자료를 투자에 활용할 수 있는지도 모른 채 그냥 직업으로서 그 일을 반복합니다.

반면에 국민은행 사이트를 보고 전국의 아파트 시세를 분석하면서 어느 지역에 공급이 부족하고 어느 지역에 가격이 변화하는지 흐름을 읽고 분석하는 사람도 어딘가에 있을 겁니다. 그는 이 정보를 가공하여 실제 투자에 적용하기 때문에 실패하지 않는 투자자가 될 것입니다.

우리는 수많은 사이트를 보면서 우리에게 필요한 정보를 입수할 수 있습니다. 검색에 검색을 반복하면 내가 알기 원하는 정보나 책을 찾아낼 수 있습니다. 20년 전만 해도 이 분야는 그들만의 리그로서 정보를 절대 공개하지 않았습니다.

20년 전에 비하면 지금은 놀라운 세상입니다. 노력하면 지식을 얻을 수 있고 지식과 경험이 쌓이면 지혜를 얻을 수 있습니다. 저도 2004년부터 투자에 관심이 생겨서 맹렬하게 독서를 하기 시작하였습니다. 부자 이야기나 재테크 관련 자기계발 서적들을 읽었습니다. 2004년에는 '선한 부자'라는 카페에 가입하여서 모든 글을 읽고 다른 유명 카페에도 가입하였습니다.

그 후에는 세미나를 듣기 위하여 비용과 시간과 거리를 마다하지 않고 계속 공부하였습니다. 경매도 공부하고 함께 공부하던 사람들과 조를 짜서 경매 물건을 함께 보러 다니기도 하였습니다.

스터디 그룹을 만들어 공부도 해보았고 유명 실전 투자자에게 연락하여 여러 명을 직접 만나기도 하였습니다. 지금 저의 집에는 부동산 투자 경제 서적이 2,000권 있고, 건강과 음식 관련 책이 1,500권, 그리고 기독교 서적이 500권이 있습니다. 10년간 온라인 서점 yes24 플래티넘 회원이었으며 매달 최소 10만 원 이상의 책을 구입하여 읽었습니다.

물론 모든 책을 정독하지는 않습니다. 경험상 10권의 책 중에서 1권 정도가 도움이 되는 책입니다. 하지만 9권의 책에도 도움이 되는 내용이 일부 있습니다. 저는 저에게 필요한 부분만 읽습니다.

10년 전에 함께 공부했던 사람들 중에는 계속해서 투자를 하는 사람도 있고 하지 않는 사람도 있습니다. 저는 굳이 전업 투자자가 될 필요는 없다고 생각합니다. 하지만 처음에 공부할 때는 몰입하여 열심히 해보는 것이 좋다고 생각합니다. 제 경우에는 2004년부터 2006년까지 만 2년 넘게 관련 지식을 쌓는 공부만 하고 2007년 1월부터 실전 투자를 시작하였습니다.

지방에서 직장 생활을 병행하며 공부해서 시간이 좀 걸렸습니다. 지금은 1년 정도 공부하고 실전 투자를 시작해도 무방하다고 생각합니다. 투자도 1년에 1~2건만 하여도 충분하다고 생각합니다. 물론 투자를 시작하기 전에 자신의 투자 원칙을 세워야 합니다.

인터넷 시대에는 내가 알고자 하면 알 수 있고 가르쳐주는 곳을 찾을 수 있습니다. 내가 알고자 하는 것을 알고 있는 사람을 찾아낼 수 있고, SNS로 그 사람과 접촉할 수 있습니다.

물론 정보가 공개되었다는 것은 블루오션이 사라진다는 뜻도 됩니다. 지금과 같은 인터넷 시대에는 내가 원하는 정보를 찾고 공부할 수 있으며 내가 알고 싶은 것을 알고 있는 사람을 찾아낼 수 있고 그 사람을 만날 수 있습니다. 어떤 분야를 공부하러 굳이 대학에 가지 않아도 됩니다. 인터넷을 뒤지면 필요한 책을 찾을 수 있고, 찾으면 결국 알아낼 수 있습니다. 저자를 만나고 그의 책을 읽으면 10년의 시간을 단축할 수 있습니다.

2장

수익률을 연금처럼 받는 투자를 하라

부자에 대한 정의를 만들어라

    돈을 버는 목적이 있어야 합니다. 목적이 단지 '돈'이어서는 안 됩니다. 목적에 대한 정의가 있어야 한다는 뜻입니다. 당신은 부자를 정의해야 합니다.

    당신만의 부자란 무엇인가에 대한 정의가 있어야 합니다. 단지 돈이라고 말하지 마십시오. 당신은 더 숭고한 목적을 위하여 태어났습니다. 목적이 있어야 방향을 잡을 수 있고 방향을 잡아야 비바람이 불어도 뚫고 나아갈 수 있습니다. 목적이 있어야 당신 주변에 동지가 생깁니다. 그래야 내가 만나는 사람이 동지가 됩니다. 당신에게 부자란 어떤 사람입니까?

모든 사람이 바라는 것은 행복과 자유입니다. 행복과 자유를 얻기 위하여 성공하려고 노력합니다. 성공을 간단하게 말하면 부자가 된다는 것입니다. 부자가 되기 위해선 부자가 어떤 사람인지에 대한 정의가 있어야 합니다. 목적이 구체적이고 명확해야 합니다.

부자란 누구를 말하는 것일까요? 사람마다 부자를 정의하는 것은 다 다를 것입니다. 저는 10년 전만 해도 부자는 돈을 많이 소유한 사람이라고 생각하였습니다. 수억, 수십 억, 수백 억 원을 가진 사람이 부자라고 생각하였습니다. 어떤 책에서는 부자란 100만 달러(11억 원)에서 1,000만 달러(110억 원)를 가진 사람이라고 말합니다. 그러나 저는 10년 전부터 다른 생각을 해왔습니다. 자신의 수입 안에서 생활이 가능하고 남을 도울 수 있는 마음이 있는 사람이 부자라고 말입니다.

저는 2012년에는 필리핀에, 2016년에는 인도에 단기 선교(비전 트립)를 다녀왔습니다. 필리핀이나 인도에 사는 보통 사람의 평균적인 부는 우리나라보다 훨씬 낮습니다. 하지만 수입이 적다고 불행하지는 않습니다. 행복지수가 가장 높은 나라가 최빈국인 부탄이라고도 합니다. 인도건 필리핀이건 자기 수입보다 적게 지출하고 자신과 비슷한 소득 수준의 사람들과 함께 모여 행복하게 사는 사람이 많이 있습니다. 하지만 경제적으로는 부자 나라인 미국, 일본, 한국 사람은 대부분 돈이 부족하고 돈을 추구하고 숭배하며 살고 있습니다. 선진국의 많은 사람이 돈 때문에 자살합니다. 내가 아무리 돈이 많아도 나보다 더 많은 사람이 있습니다. 결국 소비가 수입을 초과하면서 큰 고통을 겪습니다.

그래서 진짜 부자는 수입의 크기와 상관없이 남을 도울 수 있는 사람입니다. 남을 돕는 사람은 마음의 여유가 있고 긍휼의 마음을 가지고 있습니다. 저는 한 달에 100만 원을 벌어도 그 안에서 지출하고 저축하고 남을 돕는다면 부자라고 생각합니다.

저는 6년 전에 화성시청에서 실시하는 자원 봉사자 교육을 수료하였습니다. 그곳에서 저와 함께 많은 분이 교육을 받았습니다. 그들은 자녀를 다 키우고 생긴 여유 시간에 남을 도우면서 좀 더 가치 있게 사용하려는 분들이었습니다.

반면에 한 달에 5,000만 원을 벌어도 5,000만 원 이상을 사용한다면 부자가 아닙니다. 마이클 잭슨은 대저택 네버랜드의 유지 비용이 엄청나서 말년에는 수입보다 지출이 훨씬 더 컸다고 합니다. 이런 경우는 재산이 많아도 부자라고 볼 수 없습니다. 또한 재산이 100억 원이라도 그 돈을 자신과 가족에게만 쓰고 자녀에게만 물려주려고 한다면 부자가 아니라고 생각합니다. 아무리 많이 소유해도 부족하다고 생각하는 마음의 결핍이 가득하기 때문입니다.

반면에 재산과 상관없이 매달 기부하고 나눈다면 부자입니다. 또한 노후에 자원 봉사자로 일할 수 있다면 부자입니다. 진정한 부자는 얼마의 재산을 소유한 것이 아니라 내가 일을 하지 않아도 매달 생활비 이상의 현금 흐름이 생기는 사람입니다.

그러기 위해선 근로소득이 있는 기간에 비근로소득을 만들고, 생활비 이상의 비근로소득이 생기면 그때는 시간과 물질에서 자유롭게 되니 남을 위하여 나의 물질과 재능을 사용할 수 있습니다. 나만을 위한 삶에서 이웃을 위한 삶을 사는 것이 더 가치 있습니다.

그러한 삶은 온유와 절제에서 가능합니다. 온유와 절제란 자신이 할 수 있는 최대치를 하지 않는 것입니다. 예를 들어서 자신이 1억 원의 차를 소유하고 유지할 능력이 되지만, 경제적인 차로 만족하는 것입니다. 자신이 10억 원의 주택에서 살 수 있지만, 작고 깨끗하고 편리한 주택에 만족하고 사는 것입니다. 내 힘과 내 능력의 최대치를 사용하지 않고 남은 힘을 저축하거나 필요한 곳에 흘려보내는 것입니다.

만약 그것을 나만을 위하여 사용한다면 그 물질은 더 잘 사용하는 사람에게 옮겨가게 될 것입니다. 제가 생각하는 부자란 10억 원, 100억 원을 가진 사람이 아니라 지출보다 훨씬 많은 비근로소득을 가져 경제적 자유를 얻은 사람이고, 그 돈으로 자신의 삶에 필요한 부분 외에는 남을 돕는 사람입니다.

앤드류 카네기는 미국에서 거대한 철강 산업을 일으킨 철강 왕입니다. 그는 노년에 "부자인 채로 죽는 것이 가장 부끄러운 일이다."라고 하였습니다. 세계 최고의 부자였던 그는 세계 최고의 자선 사업가가 되었습니다. 그는 "일생을 2기로 나누어 전기에는 부를 축적하고, 후기에는 사회 복지에 투자해야 한다."라고 말했습니다.

이미 세상에는 70억 인구가 충분히 먹을 식량이 매년 생산되고 있습니다. 하지만 소득의 불균형으로 인류의 절반이 굶고 있습니다. 기아 인구는 8억 4,200만 명입니다. 세계 인구의 12%입니다.

내가 남보다 큰 부를 가졌다는 것은 나를 위해서만 사용하라는 의미가 아닙니다. 어려운 이를 도우라는 뜻입니다. 그 일을 실천하거나 아니면 나만을 위해서만 살거나 모두 나의 선택입니다. 자신만의 부자에 대한 정의를 만들어보십시오. 저는 부자란 시간과 물질에 자유롭고 남을 돕는 사람이라고 생각합니다.

저축 ⇒ 투자 ⇒ 현금 흐름 발생 ⇒ 현금 흐름 증대 ⇒
자유롭고 이웃을 돕는 삶 ⇒ 부자

노후 연금처럼 받는 투자는 어떻게 할까?

저는 투자의 1차 목표를 매월 현금 흐름 250만 원 만들기로 해야 한다고 생각합니다. 대다수 노부부 희망 은퇴 자금이 월 230~250만 원이기 때문입니다. 문제는 현재 은퇴자의 평균 비근로 현금 흐름이 40~50만 원에 불과하다는 점입니다. 저는 노후 현금 흐름을 위하여 국민연금을 최대치로 넣기를 권합니다.

2016년 현재 평균 수명이 80세입니다. 70세에 죽을 수도 있으나 90세를 넘길 가능성도 있습니다. 그 누구도 본인의 수명을 알지 못합니다. 예측이 불가능합니다. 어떤 이는 60세까지만 살겠다고 하지만 본인의 희망사항일 뿐입니다. 원하는 시기에 죽는 것은 극단적인 선택밖에 없습니다. 인간의 영역이 아니기 때문입니다. 그래서 준비는 최대치를 가정하여야 합니다.

한국주택금융공사에서 실시하는 주택연금은 내 집을 담보로 평생 연금을 받고 사망 시에는 주택을 한국주택금융공사에 넘기는 시스템입니다. 많은 사람이 가입하였고 지금도 가입자가 늘고 있습니다. 그런데 요즘 한국주택금융공사가 당황하고 있다고 합니다. 그 이유는 예상보다 가입자의 사망 연령이 높기 때문입니다. 가입자가 사망해야 연금 지급이 중단되고 담보로 맡긴 부동산을 처분하여 재원을 마련할 텐데 사망 연령이 예상을 초과하기 때문입니다.

저는 본인이 사는 집을 담보로 매달 연금을 받는 것에 반대합니다. 이사를 갈 수가 없어서 주거의 자유가 없고 혹시 큰돈이 필요할 때는 집을 담보로 대출을 받거나 집을 팔아야 하는 경우도 생길 수 있기 때문입니다. 그 집을 월세를 주는 것도 좋은 방법이라고 생각합니다.

이렇듯 평균 수명이 계속 늘어나고 있기 때문에 국민연금을 최대치로 넣어도 낸 돈 이상을 받을 확률이 매우 높습니다. 제가 생각하는 최고의 노후 현금 흐름은 국민연금과 월세 두 가지입니다.

사람에 따라서 개인연금이나 퇴직연금이 있다면 그것도 좋습니다. 하지만 연금은 인플레이션에 취약한 점이 있습니다.

6억 원의 예금을 20년간 사용한다면 60,000 ÷ 240개월 = 250만 원이 됩니다. 60세에 은퇴하여 노부부가 20년간 매달 250만 원을 쓰면 20년 후에 잔고가 0원이 됩니다.

저는 1년간의 물가 상승률을 평균 3.54%로 봅니다. 3.54%가 복리로 20년간 누적되면 두 배가 됩니다. 즉 물건의 가격이 두 배가 되고 돈의 가치는 $\frac{1}{2}$이 됩니다. 그래서 마지막 20년째는 현재의 가치로 125만 원 가치의 돈을 쓰는 것과 같습니다. 두 명이 한 달간 쓰기에는 부족합니다. 위에서 말했듯이 가장 큰 문제는 20년이 지난 후에 노부부가 사망하지 않는다면 21년째부터는 사용할 돈이 하나도 없다는 점입니다.

그런데 같은 금액의 돈 6억 원을 5% 현금 흐름이 생기는 부동산에 투자했다면 1년에 생기는 현금 흐름은 3,000만 원입니다. 1달 현금 흐름은 250만 원입니다. 6억 원을 240개월로 나눈 금액 250만 원과 똑같습니다. 그런데 더 좋은 점이 세 가지나 있습니다.

1. 20년 후에도 6억 원의 자산은 그대로 남아 있습니다. 20년이 지났으니 최소한 두 배인 12억 원 이상이 충분히 될 것입니다.
2. 현금 흐름 250만 원도 20년 후에는 최소한 500만 원으로 변해 있을 것입니다. 월세는 인플레이션을 방어하며 2~3년에 한 번씩 오를 것이기 때문입니다.

3. 20년 후에도 월세가 나오고, 30년 후에도 나오고, 40년 후에도 나옵니다. 90세까지 살건 100세까지 살건 아무 문제가 되지 않습니다. 나중에 자녀에게 양도하거나 매도해도 됩니다. 20년 후에는 월 500만 원 이상, 40년 후에는 월 1,000만 원 이상이 나올 것입니다. 월세는 인플레이션을 방어하기 때문에 20년에 최소 두 배로 오를 것입니다. 지금 50만 원 월세의 부동산이 20년 후에도 50만 원일까요? 최소한 100만 원입니다.(물론 좋은 투자처에 한합니다.) 20년 후에는 인플레이션으로 돈과 자산이 두 배로 커집니다. 실질 가치는 동일하더라도 말입니다.

투자금 6억	매달 들어오는 현금	20년 후 잔고
예금 6억	6억 원 ÷ 240개월(20년) = 월 250만 원	0원
현금 6억 원으로 5% 수익 투자	6억 원 × 0.05% = 월 250만 원	- 100년 후에도 계속 나옴 - 12억 이상의 자산 - 500만 원 이상의 현금 흐름

6억 원을 예금으로 노후 준비하는 것과 6억 원을 현금 흐름으로 투

자하는 것은 투자금은 같지만 결과가 크게 다릅니다. 이것이 현금 흐름이 더 중요한 이유입니다. 6억 원의 자금으로 현금 흐름을 준비하기보다는 1~2년에 한 번씩 현금 흐름이 발생하는 부동산에 꾸준하게 투자하면 누구나 원하는 목표에 도달할 수 있습니다. 또한 월 생활비는 평균적으로 250만 원으로 계산하였습니다. 각자의 상황에 따라 150만 원으로도 충분할 수 있고, 400만 원으로도 부족할 수 있습니다.

그런데 예금(저축)보다 현금 흐름이 좋은 건 알지만 지금 나에게 6억 원이 없으면 어떻게 할까요?

1. 국민연금이 있으니 현금 흐름 200만 원을 목표로 합니다.

   그러면 1억 2,000만 원이 줄어든 4억 8,000만 원이면 됩니다.

   4억 8,000만 원 × 0.05 = 2,400만 원

   2,400 ÷ 12 = 월 200만 원

2. 4억 8,000만 원이 없으면 어떻게 하면 될까요?

   이 책을 보고 연구하여 수익률을 10%로 올립니다. 수익률이 두 배가 되면 그 절반인 2억 4,000만 원으로도 충분합니다.

   2억 4,000만 원 × 0.1 = 2,400만 원

   2,400 ÷ 12 = 월 200만 원

3. 2억 4,000만 원이 없다면 어떻게 할까요?

    수익률이 20%라면 1억 2,000만 원으로도 가능합니다.

    실력 있는 투자자가 되면 20%의 수익도 실제로 가능합니다. 수많은 책에서 이미 증명되었습니다.

    1억 2,000만 원 × 0.2 = 2,400만 원

    2,400 ÷ 12 = 월 200만 원

4. 1억 2,000만 원이 없다면 어떻게 할까요?

    기간을 연장하면 됩니다. 매년 소액을 꾸준하게 투자하면 됩니다. 이것을 못할 수는 없습니다. 이미 수많은 사람이 이 방법으로 성공하였습니다.

    1,000만 원 × 12년 = 1억 2,000만 원(인플레이션 미반영)

    2,000만 원 × 6년 = 1억 2,000만 원(인플레이션 미반영)

5. 이미 나이가 50세 입니다. 어떻게 할까요?

    60세면 체력이 약화되어 일하기는 어렵지만 투자는 70세 이후에도 충분히 가능합니다.

6. 그것도 어렵습니다. 어떻게 할까요?

    그러면 월 소비를 250만 원에서 150만 원으로 낮춥니다. 그러면 한 달에 100만 원의 비근로소득만 만들면 됩니다.

어쨌든 내가 목표로 하는 비근로소득을 달성하였다면 그때는 은퇴해서 직장이나 사업장에서 모두 자유로울 수 있습니다. 급여의 액수에 상관없이 내가 원하는 일을 하며 살 수 있고 아예 돈을 벌지 않아도 자원봉사를 하면서 살 수도 있습니다.

한 달 생활비가 300만 원인데 비근로소득이 500만 원이 들어온다면 매달 200만 원을 남을 돕는 데 사용하여도 전혀 부담이 되지 않습니다. 그 이유는 다음 달에 또 500만 원이 들어오기 때문입니다.

매달 쓰고 남는 돈이 100만 원이라면 1년간 모아서 부부가 유럽 여행이나 크루즈 여행을 다녀올 수도 있습니다. 그 돈으로 아프리카에 500만 원이 드는 우물을 파줄 수도 있고, 1,000만 원으로 인도나 필리핀에 교회나 학교, 병원을 지어줄 수도 있습니다. 월 3~5만 원이면 월드비전과 컴패션을 통하여 가난한 나라의 한 아이를 한 달간 먹이고 입히고 교육시킬 수 있습니다. 당신이 선한 사람이라면 당신의 돈을 가장 가치 있게 사용할 수 있습니다.

반면에 통장에 6억, 10억을 넣어두고 그 돈을 빼서 사용하는 경우에는 남을 전혀 도울 수 없습니다. 그 이유는 내가 80세까지 살지, 90세까지 살지, 100세까지 살지 전혀 예측이 되지 않기 때문입니다. 그래서 최대한 아끼고 인색한 마음으로 살아야 합니다.

1,000만 원이 생겼다면 당장 무엇을 해야 하나?

예를 들어 돈 1,000만 원이 갑자기 생겼습니다. 보너스일 수도 있고, 부모님이 주셨거나 적금이나 아내의 곗돈 또는 빌려준 돈을 받았을 수도 있습니다.

이때 투자자와 일반인은 서로 생각이 다릅니다 일반인은 대부분 다음과 같은 선택들을 합니다. 지금 소유한 차를 팔고 돈을 더해서 차를 바꿉니다. 아내에게 명품 가방을 선물할 수도 있습니다. 가족과 유럽으로 가족여행을 갈 수도 있습니다.

이런 경우 일반인과 투자자는 과연 어떻게 다른 선택을 하는지 한번 살펴볼까요?

일반인

1,000만 원을 두고 한두 번은 이것을 투자할까? 하는 생각을 합니다. 하지만 주식은 2,000에서 공방 중이고 배당주는 배당이 너무 적고 블루칩은 이미 너무 오른 것 같고 테마주는 떨어질 거 같아 못 삽니다. 금도 달러도 확신이 서지 않습니다. 부동산은 모두 1억 이상 한다고 생각하니 1,000만 원으로 투자한다는 것은 꿈도 꾸지 못합니다. 경매는 시간이 없어서 못하고 위험하고 번거로울 것 같습니다.

무엇보다 아는 것이 없으니 원금 1,000만 원을 잃을 것이 두렵습니다. 차라리 확신이 없을 때는 저축하고 공부하며 때를 기다리는 것도 좋은 방법입니다. 하지만 강한 신념과 목적이 없으면 그 돈은 조금씩 줄어들게 마련입니다.

모든 물건, 재화는 둘로 나뉩니다. 바로 가치가 시간이 지나면 떨어지는 것과 올라가는 것입니다. 일반인은 사자마자 가치가 떨어지는 것을 삽니다.

- 시간이 지나면 가치가 떨어지는 것 : 차, 옷, 가방, 신발, 시계 등
- 시간이 지나면 가치가 반드시 올라가는 것 : 교통이 좋아지고 주변에 좋은 일자리가 생기는 부동산

투자자

투자자는 평소에 공부로 무장하고 항상 생각합니다. 어디에 투자해야 수익이 있고 현재의 사이클이 어디쯤이고, 투자 실패 시 어떻게 빠져나올 수 있는지(원금 회수가 가능한지), 리스크가 큰지 작은지, 지금 사람들이 무엇을 좋아하고 앞으로 어떻게 변할지를 계속 생각합니다. 그리고 위험이 적다고 판단되면 바로 실행합니다. 그래서 1,000만 원이 생기면 이것으로 가치가 하락하는 차나 옷, 가방, 구두 등을 사지 않습니다. 사두면 가격이 오를 수 있는 것을 구입합니다.

사실 돈이 있건 없건 투자합니다. 이걸 지금 사면 돈이 된다는 것을 알기 때문에 그냥 계약금을 넣습니다. 중도금, 잔금은 나중에 생각합니다. 머릿속 계산은 이미 끝났고 가슴은 뜨겁습니다. 이번 투자로 잃든 벌든 자신이 마음먹은 투자를 합니다. 경험을 쌓게 되면서 더 좋은 투자가 가능해지기 때문입니다.

투자자는 시간이 지나도 가치가 유지되는 것 그리고 거기에서 현금 흐름이 발생하는 것을 삽니다. 시간이 지나면 가치가 올라갈 수 있는 것은 땅, 집, 금, 원자재, 주식, 채권 등이 있습니다. 이 중에는 현금 흐름이 나오는 것도 있습니다.

배당금, 월세, 임대료, 로열티, 인세, 저작료, 시스템화된 사업…… 이런 것들의 가치를 측정하여 가격 대비 가치가 높은 것을 평가하여 매수합니다.

투자 초보자가 투자 고수에게 물어보았습니다.

초보 : 고수님, 어떻게 하면 초대박 투자를 할 수 있을까요?

고수 : 비결은 면도날처럼 예리하고 정확한 결정이지.

초보 : 어떻게 하면 정확한 판단을 할 수 있을까요?

고수 : 수많은 경험이지.

초보 : 어떻게 하면 수많은 경험을 할까요?

고수 : 수많은 시도와 실패지. 내 돈을 잃는 피눈물 나는 실패를 반복하면 실력이 늘지.

초보 : 이런…….

고수 : 지금 돈이 얼마 있어?

초보 : 1,000만 원이요.

고수 : 그 1,000만으로 부동산을 계약해. 그리고 중도금, 잔금을 무슨 수를 쓰든 해결해. 그럼 실력이 늘어.

이 초보가 당신이라면 Yes 혹은 No, 어떻게 답하겠습니까?

투자의 시작은 '투자 통장' 만들기다

사람에게는 자기 주머니의 돈을 100% 다 쓰는 본성이 있습니다. 본능에 가깝습니다. 돈이 많든 적든 거기에 맞추어 다 씁니다. 우연히 돈이 생기면 그 돈을 쓰기 시작합니다. 언제까지? 다 쓸 때까지.

여행을 가서도 가져간 여행비를 다 쓰고 옵니다. 도박장에 가면 자기 돈이 다 떨어져야만 도박을 그만둡니다. 그래서 현금이 아닌 카드를 사용하면 훨씬 더 많은 지출을 합니다. 지금 내가 쓸 수 있는 돈이 얼마인지 계산이 되지 않기 때문입니다. 귀찮고 번거롭고 다음 달 지출 총액을 알면 놀라고 후회하고 자책할 것 같은 두려움도 생깁니다. 그래서 확인하지도 않습니다. 그냥 계획 없이 필요하다고 생각하면 돈을 씁니다.

    일반인은 돈을 한 바구니(한 통장)에 담습니다. 한 바구니에 월급과 수입을 넣고 세금과 생활비를 씁니다. 수입이 많아도 적어도 통장의 잔고는 항상 그대로 '0'입니다. 그 이유는 어렸을 때부터 준 돈은 다 쓰는 것이 습관화되었기 때문입니다. 용돈이 10만 원이면 10만 원을 쓰고, 용돈이 20만 원이면 20만 원을 다 씁니다. 그리고 항상 부족함을 느낍니다. 용돈이 30만 원이 되면 부족함이 없으리라고 생각합니다. 하지만 30만 원이 되면 또 30만 원을 다 쓰는 것이 습관화됩니다.

    이 습관은 어른이 되어서도 마찬가지입니다. 월급이 150만 원일 때는 200만 원이 되면 여유가 있을 것으로 생각합니다. 200만 원일 때는 300만 원이 되면 여유가 있을 거라 생각합니다. 하지만 계속 부족함을 느낍니다. 급여가 늘어나는 것만큼 소비가 늘어납니다. 이것은 본능입니다. 인간은 그렇게 프로그램화되어 있습니다. 어떤 경우는 오히려 소비가 더 늘어납니다. 그래서 돈을 나누어서 보관하고 용도에 맞게 사용하여야 합니다.

    투자자가 되려면 돈을 용도에 따라 반드시 분리하고 사용해야 합니다. 용도에 따라 나누어진 돈은 절대로 그 용도에만 사용하여야 합니다. 다른 용도로 써서는 안 됩니다. 돈이 섞여서는 안 됩니다. 철저히 분리해놓아야 합니다.

투자 통장 만들기는 다음과 같이 A, B, C타입으로 나눌 수 있습니다. 자신에게는 어떤 방식이 맞는지 살펴봅시다.

A타입 / 기본형

투자자는 통장을 나눕니다. 투자자는 자신의 급여를 넷으로 나눕니다. 나눔, 저축, 투자, 생활비로 나눕니다.

급여 300만 원			
10% 나눔	10% 저축	30% 투자	50% 생활비
30만 원	30만 원	90만 원	150만 원

10% 나눔 통장

진짜 부자는 많이 소유한 사람이 아니라 많이 나누는 사람입니다. 컴패션, 월드비전, 소년 소녀 가장 돕기 센터 등 도울 곳은 무척 많습니다. 소득의 10%를 나눔에 사용합니다. 나누는 사람이 진짜 부자입니다.

저축 통장

미래를 위해 소득의 10%를 저축합니다. 만일 특정 달에 생활비 통장에 돈이 부족하거나 생활비를 초과하는 급한 지출이 생기면 이곳에서 꺼내어 사용합니다. 그럴 경우 반드시 다음 달에는 생활비를 줄여서 저축 통장에서 뺀 금액을 메웁니다. 큰돈이 들어가는 제품을 구입할 때는 이 저축금을 사용합니다. 200만 원짜리 냉장고가 필요하면 7개월간 저축한 돈으로 구입합니다. 살다 보면 비상 상황이 생길 수 있습니다. 갑자기 수입이 없거나 병원비로 큰돈이 필요할 때 등입니다. 그때를 대비하여 최소 2개월분의 급여액만큼은 저축 통장에 비상금으로 저축해두어야 합니다.

투자 통장

소득의 30%를 투자합니다. 이 통장은 투자에만 사용합니다. 투자와 관련된 금액만 입출금하도록 합니다. 투자의 이익(매매 차익, 월세)은 이 통장에 다시 넣습니다. 투자 통장의 돈으로 대출을 끼고 작은 부동산을 샀다면 투자 통장의 잔고가 0원이 될 수도 있습니다. 나중에 부동산을 팔았을 때에는 그 금액을 이 투자 통장으로 입금합니다. 부동산을 팔고 나서 큰 수익이 났다고 해도 절대 그 돈을 생활비로 사용하지 않습니다.

은퇴 시점까지 계속 투자하고 월세 받고 팔고 다시 사기를 반복하여서 은퇴 시점까지 매달 현금 흐름이 250만 원 나오는 것을 1차 목표로 합니다. 1차 목적 달성 후 목표를 350만 원, 500만 원으로 상향 조정합니다.

생활비 통장

소득의 50%를 이 통장에 넣습니다. 각종 공과금과 매월 나가는 모든 비용은 이 통장에서 지출합니다. 매월 내가 번 돈의 절반만이 나의 생활비라고 생각하면 간단합니다. 이번 달부터 급여가 30만 원 인상되었다면 생활비에 15만 원 정도의 여유가 더 생겼다라고 생각하면 됩니다.(대개는 급여가 30만 원 늘면 지출이 50만 원 더 늘어납니다.)

지금까지 수입의 100%를 써왔다면 그것을 절반으로 줄이는 것은 무척 고통스러운 일일 것입니다. 이것을 바꾸는 비결은 무언가를 구입할 때에 이것이 필수품인지를 확인하는 것입니다. 이것이 반드시 필요한 것인지를 확인하고 구입합니다. 반드시 필요한 필수품이 아니라면 모두 사치품이라고 생각합니다. 인터넷의 모 카페에서는 1달 10만 원으로 살기, 돈 안 쓰고 하루 보내기 등의 운동도 있습니다.

앨런 머스크는 대학생 때 사업을 하고 싶은데 겁이 났다고 합니다. 그는 사업을 하다가 망하면 어떡할까 두려웠습니다. 그래서 하루에 1달러씩만 쓰면서 30일을 살아보기로 결심했습니다. 30일치 오렌지와 핫도그를 사서 먹고 하루에 1달러씩만 쓰면서 그렇게 한 달을 지내보니 힘들었지만 사업하다가 거지가 되어도 살 수 있을 것 같아서 사업을 시작했다고 합니다.

생활비를 줄이기 힘들다면 딱 한 달만 소비를 극도로 줄이는 생활을 해봅니다. 1달 후에는 소비를 정상으로 회복해도 1달간 절약한 씀

쏨이가 유지될 가능성이 많습니다.

향후에 월수입이 늘어도 생활비는 50%라는 지침을 고수합니다. 급여가 400만 원이면 생활비는 200만 원, 급여가 600만 원이 되면 생활비는 300만 원을 사용합니다. 급여가 1,000만 원이 되면 500만 원을 생활비로 씁니다. 월급의 50%를 생활비로 사용하는 것을 원칙으로 합니다. 월급이 1,000만 원이 되면 나눔 100만 원, 저축 100만 원, 투자 300만 원이 됩니다. 항상 비율로 분배합니다.

예를 들어 300만 원의 급여를 받는 사람은 첫해에 1,080만 원(90만 원 × 12달)을 저축할 수 있습니다. 이것으로 연 20%의 수익을 올리면 둘째 해에는 1,296만 원 + 1,080만 원 = 2,376만 원, 셋째 해에는 2,851만 원 + 1,080만 원 = 3,931만 원, 넷째 해에는 4,717만 원 + 1,080만 원 = 5,797만 원, 다섯째 해에는 6,956만 원 + 1,080만 원 = 8,036만 원, 여섯째 해에는 1억 724만 원 + 1,080만 원 = 1억 1,804만 원으로 증식할 수 있습니다. 거기에 저축액 30만 원 × 12달 × 6년 = 2,160만 원을 더하면 6년 만에 재산은 1억 1,804만 원 + 2,160만 원 = 1억 3,964만 원이 됩니다. 6년간 나의 급여가 증가했다면 더 큰 금액이 되었을 것입니다.

이 경우에 6년간 급여 인상분은 계산에 넣지 않았는데도 6년간 불우이웃 돕기에 2,160만 원을 사용하고도 1억 4,000만 원을 모았습니다!

통장을 나누지 않은 사람은 6년 전이나 6년 후나 똑같이 잔고는 0원입니다. 의지력보다 인간의 본성이 그렇기 때문입니다. 이것이 일반인과 투자자의 차이입니다. 이 차이는 작은 습관에서 비롯합니다.

B타입 / 투자 집중형

급여 300만 원		
5% 나눔	45% 투자	50% 생활비
15만 원	135만 원	150만 원

5% 나눔

구제금을 5%로 합니다. 차후에 자금의 여유가 있을 때 구제금을 10%, 15%, 20%로 올립니다. 구제금은 5% 이하로는 줄이지 않습니다. 우리가 버는 돈을 우리만을 위하여 사용해서는 안 되기 때문입니다.

45% 투자

B타입은 투자 집중형입니다. 투자금에 최대한 집중합니다. 급여의 45%를 투자 통장에 계속 넣습니다. B타입은 저축금이 없습니다. 그래서 투자금을 모으기 전에 비상 저축금을 만듭니다. 저축금으로 두 달간의 급여인 600만 원을 만듭니다. 급여가 500만 원인 사람은 1,000만 원을 만듭니다.

두 달간의 급여를 모으려면 넉 달 정도의 시간이 걸릴 것입니다. 이

넉 달 동안 투자금은 모으지 않습니다. 비상 저축금이 모일 때까진 저축에만 집중합니다. 이 두 달분의 저축금은 비상금으로 현금 보관합니다. 이 비상금은 항상 금액을 유지합니다. 특별한 지출이 생기더라도 우선 저축금에서 사용하고 투자금은 건드리지 않습니다. 줄어든 비상 저축금은 다음 달 생활비를 줄여서 원래 금액을 맞추어놓습니다. 또한 마찬가지로 소득의 50% 이하를 생활비로 사용합니다.

C타입 / 크리스천형

급여 300만 원			
10% 십일조	10% 나눔	30% 투자	50% 생활비
30만 원	30만 원	90만 원	150만 원

10% 십일조 헌금

C타입은 크리스천형입니다. 크리스천은 소득의 10%를 본인이 출석하는 교회에 헌금합니다. 이것은 내가 번 돈 중에서 10%가 하느님의 것이라는 의미가 아닙니다. 내가 번 돈의 100%가 하느님의 것이며 10%는 나의 모든 수입이 내 것이 아님을 상징적으로 드러내는 것입니다. 나머지 90%도 하느님의 뜻을 구하며 사용합니다.

10% 나눔

주변의 이웃을 돌보는 데 사용합니다. 하느님께서 나를 부유하게 하신다면, 그 이유는 내가 좀 더 좋은 집, 좋은 차를 이용해도 되기 때문이 아닙니다. 더 많은 물질을 이웃에게 흘려보내라는 의미입니다. 내가 많은 물질을 흘려보낼수록 하느님은 더 많은 물질을 허락해주십니다. 나중에 수입이 더 많아지면 더 많은 비율로 흘려보냅니다. (15%, 20% 30%로 계속 상향합니다.)

30% 투자

C타입도 저축이 없으므로 처음엔 비상금을 만듭니다. 일단 두 달 급여분을 저축하여 비상 저축금을 마련합니다. 그러고는 좋은 투자처가 생기면 투자하고 투자에서 발생하는 모든 수익과 비용은 투자 통장에서만 이용합니다. 하느님은 크리스천이 물질을 배가하기를 원하십니다.

선한 사람이 돈을 벌면 그 돈은 선한 곳으로 흘러갈 것입니다. 하지만 악한 사람이 돈을 많이 벌면 그 돈은 나쁜 곳 술, 마약, 도박 등등에 쓰일 확률이 높습니다. 선한 사람이 돈을 많이 벌어서 좋은 곳에 돈을 쓰는 것은 하느님이 기뻐하시는 일입니다. 시간이 지날수록 투자 통장의 금액은 점점 늘어날 것입니다.

50% 생활비
최대한 근검절약합니다. 만약 남는 돈이 있다면 저축합니다.

통장 나누기를 세 타입으로 나누어서 생각해보았습니다. 각자 자신의 형편에 맞추어 변형하여 사용하면 됩니다. 가장 기본이 되는 것은 생활비로는 50%만 사용하는 것과 10% 나눔을 실천하는 것입니다. 통장 나누기는 시간이 지날수록 더 강력한 힘을 발휘합니다.

은퇴 후 월 고정 수입
○○○만 원을 목표로 잡자

 10년 전부터 부자 열풍이 불었습니다. 부자의 자산 기준이 10억, 50억, 100억 원까지 커졌습니다. 얼마를 소유해야 부자일까요? 부자란 무엇일까요?

 부자의 사전적 의미는 재물이 많아 넉넉한 사람입니다. 하지만 제가 생각하는 부자는 남을 도울 수 있는 사람입니다. 요즘 젊은이들은 대학을 마치면 회사에 취직하고 결혼하여 집을 사고 차를 삽니다. 그런 다음에 집 대출금과 차 할부금을 갚느라 더 열심히 일을 합니다. 시간이 지나서 수입이 늘지만 소비가 또 늘어나서 더 열심히 일을 해야 합니다.

하지만 진짜 부자는 검소하게 자신의 소비를 줄이고 불우한 이웃을 돕고 수입의 절반을 소비하고 저축과 투자를 반복해서 삶을 바꾸는 사람입니다.

지금 우리나라 청년들의 꿈은 공무원이 되는 것입니다. 의대보다 교대 들어가기가 더 어렵다고 합니다.

2016년 봄 EBS「공부의 배신」이라는 프로그램에서 초등학교 6학년 아이들에게 장래의 꿈을 물어보았습니다. "부모님이 의사인데 나의 꿈도 의사이다. 아버지가 검사인데 나는 검사장까지 하고 싶다. 선생님이 꿈인데 그 이유는 안정적이어서다. 나는 공무원이 안정적이어서 공무원이 되고 싶다."라는 답들이 나왔습니다.

아이들의 답에서 부모의 가치관이 그대로 묻어났습니다. 제가 대학을 다니던 1980년대 말 1990년대 초에는 7급, 9급 공무원 시험공부를 하는 친구는 그리 많지 않았습니다.

지금은 아주 많은 사람이 공무원을 꿈꿉니다. 그 이유는 안정적이기 때문입니다. 안정적이라는 것은 달리 말하면 연금이 나오기 때문에 노후가 준비된다는 것입니다. 은퇴 후부터 죽을 때까지 은퇴 이전 급여의 70%가 나오고, 자신이 죽은 후에도 연금의 70%가 배우자에게 지급되기 때문입니다.

제가 아는 분은 교육 공무원으로 급여가 500만 원 이상이었는데 은퇴 후 350만 원을 받았고, 그 분이 돌아가시고 난 뒤에는 약 250만 원이 아내에게 계속 지급되었습니다.

자기 집만 있다면 노후 80세건 90세건 충분히 살 수 있는 금액입니다. 만일 재정이 부족하게 되더라도 정부에서 모든 금액을 보조해주기로 약속했기 때문에 아무런 걱정이 없습니다. 그래서 많은 사람이 공무원, 경찰, 군인, 교사 등을 부럽게 생각합니다.

하지만 이들이 그 노후 연금을 거저 받는 것은 아닙니다. 직장 생활을 하는 동안 '급여의 일부'를 강제적으로 연금으로 불입하였고 그것을 은퇴 후에 연금으로 받는 겁니다. 복지 혜택이 많은 선진국도 마찬가지입니다. 심한 경우엔 자기가 번 돈의 반 이상을 세금으로 가져갑니다.

다행히 우리 스스로 연금을 만들 수 있습니다. 매달 급여가 들어오면 그 다음 날에 일정 금액을 적금으로 자동이체되도록 만들고, 그렇게 2년 정도를 모은 후 그 돈으로 전세를 끼고 작은 주거용 부동산을 구입하면 됩니다.

그 후 2년간 계속 저축하여 돈을 모으고 전세 계약이 끝나는 2년 후에 대출과 2년간의 저축액, (새로운 세입자의) 월세 보증금을 합해서 기존 세입자의 전세 보증금을 돌려주고 반전세를 놓습니다. 그때부터는 매달 나오는 월세와 저축액으로 남아 있는 대출금을 상환합니다.(월세는 대출금 상환에만 사용합니다.)

몇 년의 시간이 걸리지만 생각보다 오래 걸리진 않습니다. 매매가와 월세가 오르기 때문입니다. 이것을 반복하면 연금과 같은 효과를 낼 수 있습니다. 이런 비근로소득의 개수가 많아지면 많아질수록 대출 상환의 기간이 짧아집니다.

이런 부동산이 쌓이면 은퇴한 후에 월세 수입만으로도 살 수 있는 상황이 됩니다. 저는 월 250만 원이면 부부가 충분히 살 수 있는 금액이니 일단 월 250만 원을 목표로 하는 것이 좋다고 생각합니다. 월 250만 원의 비근로소득을 목표로 하는 것입니다. 결국 은퇴 후에 공무원이어서 연금을 받는 것이나 소형 주거용 부동산으로 월세를 받는 것이나 마찬가지입니다.

안정적인 노후를 바라지만 공무원이 자신의 적성에 맞지 않는다면 스스로 연금을 만들면 됩니다. 월세 수입보다는 자산 자체를 키우고 싶다면 그것도 좋은 방법입니다. 자산이 많다면 노후가 걱정되지 않습니다. 꾸준한 부동산 투자가 공무원이 되는 것보다 안정적인 노후를 보내는 데 더 나을 수 있습니다.

부자를 너무 어렵게 생각하지 마시기 바랍니다. 1단계 목표는 비근로소득을 부부 합산 매월 250만 원으로 잡습니다. 국민연금과 개인적으로 보험회사에 준비한 금액을 모두 합하여 100만 원이라면 나머지 150만 원을 만드는 데 집중하면 됩니다. 현실적인 부자는 10억 원, 20억 원처럼 큰돈을 가진 사람이 아니라 비근로소득을 매월 250만 원

이상 만들 수 있는 사람입니다.

　투자의 기본을 배우고 본인의 적성에 맞는 일을 하면서 소득의 일부를 투자 통장에 모은 뒤 꾸준히 투자를 병행하면 누구나 공무원보다 더 안정적인 노후를 보낼 수 있습니다.

노동 없는 부는 죄악인가, 필수인가?

    어떤 책에서는 빨리 부자가 되어 빨리 은퇴하는 것이 최고이며 삶의 목표라고 합니다.

    돈은 나쁜 것일까요? 좋은 것일까요? 돈은 선하지도 악하지도 않습니다. 돈은 도구일 뿐입니다. 칼과 같습니다. 칼은 셰프에게는 좋은 요리 도구로, 강도에게는 흉기로 사용됩니다. 돈은 북한과 아프리카의 어린이를 살리는 도구로 사용될 수도 있고, 매춘과 도박 등에 악하게 이용될 수도 있습니다. 문제는 돈이 목적이 된 삶, 돈을 추구하는 삶, 돈을 사랑하는 것입니다. 여러분은 돈을 사랑하지 말고 이용하시길 바랍니다.

저는 2016년 여름에 인도를 방문했을 때 마하트마 간디의 추모 공원에서 간디의 사상이 담긴 안내판을 보았습니다. 간디는 일곱 가지 악덕을 이렇게 정리했습니다.

1. 철학이 없는 정치
2. 도덕이 없는 경제
3. 노동 없는 부(富)
4. 인격 없는 교육
5. 인간성 없는 과학
6. 윤리 없는 쾌락
7. 헌신 없는 종교

간디가 주장한 일곱 가지 사회악

이를 보면서 '노동 없는 부'는 잘못된 것이 아닐까? 하고 생각해보았습니다. 간디는 80세에 운명을 다했습니다. 일반적인 경우에 80세까지 근로소득을 갖기는 어렵습니다. 현재 일본의 경우에는 사망 전까지 침대에 누워 요양하는 기간이 평균 11년이라고 합니다. 짧은 사람은 5년이 될 수도 있지만 어떤 사람은 20년이 될 수도 있습니다. 그때는 저축한 돈이나 비근로소득으로 생활해야 합니다.

예전에는 자녀가 노후를 책임졌습니다. 하지만 지금은 사회 분위기가 완전히 바뀌었습니다. 나의 노후는 내가 책임져야 하는 시대입니다. 불행인지 다행인지 100세 시대를 맞았습니다.

그런데 평균 수명이 80세라는 것은 큰 의미가 없습니다. 60세나 70세에 죽을 수도 있지만 100세까지 살지 않을 거라는 보장도 없습니다. 또한 자기만 빨리 죽는다고 노후 문제가 해결되는 것도 아닙니다. 배우자가 100세까지 살 가능성이 있기 때문입니다. 그렇기 때문에 '노동 없는 부'를 준비해야 합니다.

비근로소득이 준비되면 삶이 매우 자유롭습니다. 언제든 여행을 갈 수도 있고, 언제든 나의 현금 흐름 안에서 남을 도울 수 있습니다. 비근로소득으로 300만 원이 매달 발생하고 생활비를 200만 원 사용한다면 매달 100만 원을 남을 돕는 데 사용할 수 있습니다. 다음 달에도 300만 원이 또 생기기 때문입니다. 은행에 저축이 6억 원 있다고 해도 선뜻 남을 돕지 못합니다. 있는 돈을 꺼내어 쓰기 때문입니다.

부자가 되지 못하면 남에게 짐이 되는 삶을 살게 됩니다. 부자가 되면 시간과 물질에서 자유로워지고 내 시간과 물질로 이웃을 도울 수 있습니다. 이것이 부자가 되어야 하는 이유입니다. 지금은 100세 시대입니다. 일할 수 있는 시간은 줄고 일할 수 없는 시간이 늘어났다는 의미입니다. 그래서 우리는 어쩔 수 없이 노동 없는 부를 준비해야 합니다.

노동 없는 부란 만들어진 시스템을 말합니다. 시스템을 만들고 난 이후에는 노력이 조금만 들지만, 시스템을 만들기 위해서는 많은 노력이 필요합니다. 많은 공부가 필요하고 돈을 마련하기 위해 백방으로 알아보고, 바른 투자를 했는지 마음고생하며 잠 못 자는 시간도 보내야 합니다. 그러므로 수익형 부동산에 투자하는 일은 노동입니다. 노동 없는 부가 아닙니다.

> 가능한 많이 벌어라 Gain all you can.
> 가능한 많이 저축하라 Save all you can
> 가능한 많이 주라 Give all you can.
> - 요한 웨슬레

> 가능한 많이 투자하라 Invest all you can.
> 가능한 많이 현금 흐름을 만들어라
> Make money pipeline all you can.
> 가능한 많이 도와라 Help all you can.
> -백원기

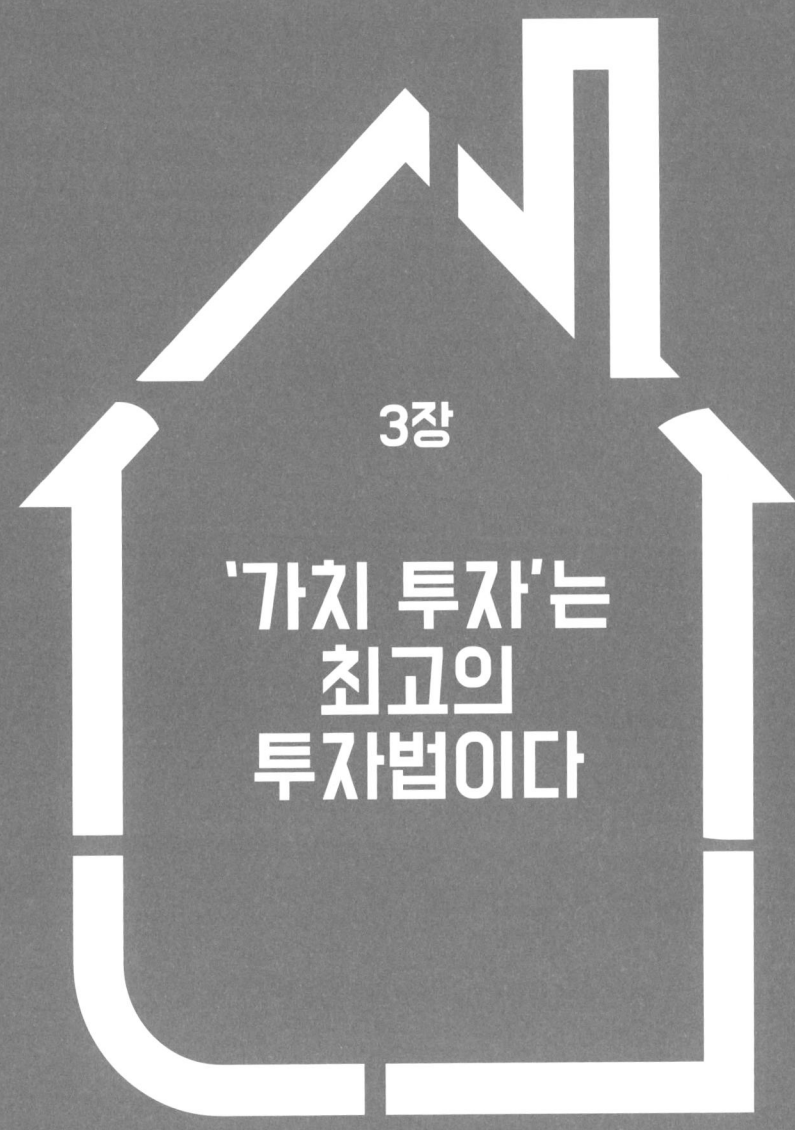

3장

'가치 투자'는 최고의 투자법이다

부동산은 수익률이 가장 높은 투자처다

투자처는 굉장히 많습니다. 현금 흐름이 나오는 자산도 여럿입니다. 그런데 왜 부동산이 좋은 투자처일까요?

첫째 이유는 안정성입니다. 부동산은 실물 자산이기 때문에 사라지지 않습니다. 사람은 땅을 밟고 살아야 합니다. 땅과 부동산은 꼭 필요합니다.

대부분의 사람은 가장 안전한 것이 저축이라고 생각합니다. 그러나 저축은 안전하지 않습니다. 인플레이션 때문입니다. 미국은 달러를 더 찍을 수밖에 없고 그에 따라 우리나라에서도 돈을 더 풀 수밖에 없습니다. 돈을 풀면 풀수록 돈의 가치는 떨어집니다. 1억 원의 10년 후 가치는 70%인 7,000만 원입니다.

게다가 세계적인 경제 불황과 더불어 미국 대통령인 트럼프는 부동산을 많이 보유한 사업가로서 저금리를 지지하는 사람이기에 금리가 쉽게 오르긴 어렵습니다.

주식은 변동성이 큽니다. 주식 시장은 자본과 지식이 적은 사람의 돈이 자본과 지식이 더 많은 사람에게 옮겨지는 작전 세력의 놀이터입니다. 장기 가치 투자자만 성공할 수 있습니다. 모든 세력은 개미를 모으고 키워서 가격을 올린 다음에 팔아치우는 것을 기본 작전으로 합니다. 아무도 그들의 매도 시기를 예측할 수 없습니다.

펀드는 수수료가 너무 많습니다. 운용수수료도 많은 데다가 주식을 자주 사고팔수록 회사가 이익이니 펀드 매니저는 잦은 매매를 합니다. 1년에 7~8회를 사고파는 것은 기본입니다. 펀드가 수익이 좋다고 하여도 모든 비용을 제하고 나면 마이너스인 경우도 있습니다. 또한 펀드도 금융 자산이기에 인플레이션에 취약합니다.

금은 현금 흐름이 발생하지 않습니다. 변동성을 예측하기가 쉽지 않습니다. 하지만 어떤 위기에도 금의 가치는 보존됩니다. 이동성도 좋습니다. 자산이 많다면 일부를 금으로 보유하는 것도 좋은 전략입니다.

부동산은 가격 대비 현금 흐름 비율이 최고입니다. 주식의 배당금은 많아야 2%입니다.

> 매매가 1억 원, 전세가 8,000만 원, 월세가 보증금 1,000만 원에 월세 40만 원의 부동산은
>
> 기본 수익률이 480 ÷ 9,000 × 100 = 5.3%입니다.
>
> 그런데 대출을 7,000만 원 받고 이자가 3%라고 하면
>
> 복합 수익률이 (480 − 210) ÷ (9,000 − 7,000) × 100 = 13.5%입니다.

    투자 금액 2,000만 원으로 연 270만 원의 현금 흐름을 만들기 때문에 수익률에서 다른 투자 상품과 비교할 수 없습니다. 현금 흐름이 발생하는 자산은 흔하지 않습니다.

    부동산은 실물 자산이기 때문에 휴지가 될 수 없습니다. 기본적으로 대지 지분을 가지고 있기 때문에 땅의 가치는 절대 불멸입니다. 시간이 지날수록 상승합니다. 물론 좋은 부동산을 선택할 수 있는 안목이 있어야 합니다. 시간이 지나면 가격이 오르고 월세가 오르기 때문에 인플레이션을 방어할 수 있습니다.

'가치 투자'는 최고의 투자법이다

저는 2009년에 『노후를 위해 집을 저축하라』를 출간하면서 다음(DAUM)에 첫 카페를 만들었습니다. 그 카페의 주소는 cafe.daum.net/lvii였습니다.(지금은 폐쇄되었고 NAVER에서 '건강한 부자학교' http://cafe.naver.com/nohu100를 운영 중입니다.)

예전 카페명 'lvii'는 'land value invest institude'의 앞 글자를 딴 것입니다. 한국어로 '부동산 가치 투자 연구소'입니다.

이처럼 저는 투자 초기부터 부동산을 가치 투자로 하고 싶었습니다. 제가 투자를 시작한 2007년은 재개발 재건축 투자가 성행하던 시기입니다. 저는 확정되지 않은 미래 가치보다는 확실한 현재 가치를 추구했기에 모든 사람이 재개발 재건축 투자를 할 때 하지 않았습니다. 사용 가치인 미래 가치를 보고 전세가 ÷ 매매가를 하여 80%가 넘는 부동산에 투자하였습니다.(지금은 수익률도 함께 봅니다.)

가치 투자의 대가는 워런 버핏입니다. 워런 버핏은 주식의 가격이 가치보다 낮을 때, 즉 남들이 주식에 관심이 없을 때 주식을 샀고 남들이 열광할 때 주식을 팔았습니다. 그리고 대부분 장기 투자했으며 매매 횟수를 최대한 줄였습니다.(샀다가 팔았다를 반복하지 않았습니다.)

주식의 가치는 1만 원인데 시장에서 거래되는 것은 5,000원일 때 이 주식을 사는 것입니다. 가치와 가격의 차이가 5,000원입니다. 그런데 악재로 이 주식이 3,000원이 된다면? 더 삽니다. 1만 원짜리를 5,000원에 파니 50% 세일 상품입니다. 그런데 얼마 후에 70% 세일을 합니다. 1만 원짜리를 3,000원에 파는 것입니다. 그러니 당연히 더 삽니다.

조금 있으면 이 주식의 가격이 조금씩 상승합니다. 4,000원, 5,000원, 6,000원, 7,000원. 그러면 사람들은 흥분합니다. 이 주식에 대하여 좋은 소식을 찾아내어 기사화하고 관심은 더 집중됩니다. 가격이 8,000원, 9,000원, 10,000원이 됩니다. 워런 버핏은 드디어 가격과 가치가 같아졌다고 생각합니다.

하지만 대중은 가치를 모르기 때문에 '밴드웨건 효과(Band Wagon Effect, 유행에 따라 상품을 구입하는 소비 현상)'가 생깁니다. 그러면서 가격은 가치를 추월하여 11,000원, 12,000원, 13,000원, 14,000원, 15,000원이 됩니다. 워런 버핏은 이렇게 실제 가치보다 거래 가격이 훨씬 높아졌을 때 매도합니다. 5,000원에 사서 15,000원에 팝니다.

만약에 이 회사의 가치가 꾸준히 상승한다면 팔지 않고 계속 보유합니다. 회사가 발전하면 회사의 가치가 상승하는 것입니다.

예를 들면 삼성전자 주식을 1990년대 초반에 20만 원의 가치가 있다고 보고 10만 원에 매입하였습니다. 그런데 주가가 20만 원을 돌파하여 매도를 고려하며 다시 보니 가치가 30만 원으로 판단되었습니다. 그래서 두 배로 올라 100%의 시세 차익을 거둘 수 있는 시점까지 매도를 하지 않고 계속 보유했습니다.

그런 식으로 계속 가치를 평가하며 보유하였더니 2010년대에 주가가 200만 원을 돌파했습니다. 20년이 약간 넘는 기간에 10만 원에서 200만 원으로 상승하였습니다. 20배의 상승입니다. 물론 이 경우는 수익률로만 계산한 것은 아닙니다. 삼성전자의 배당금은 많지 않습니다. 배당금뿐만 아니라 여러 가지 다른 데이터를 고려해야 합니다.

1. 시가 총액이 전체 상장사의 30% 이내인가?
2. 최근 3년간 ROE가 10% 이상인가?
3. 매출액 이익률이 업종 평균 이상인가?

4. 주당 현금 흐름이 상위 30% 이내인 기업인가?

5. 최근 3년간 평균 시가 총액 증가율이 자본 총계 증가율 이상인가?

6. 향후 5년간 예상되는 현금 흐름의 합계가 현 시가 총액 이상인가?

이런 것들을 종합적으로 고려하여 이 주식을 계속 보유할지를 결정합니다.

이처럼 가치 투자는 투자 대상물의 가치를 평가하고 가격보다 가치가 낮을 때 구입하고 가치보다 가격이 높을 때 매도합니다. 그리고 가치가 상승할 경우 계속 보유합니다.

가치 투자자는 투자처의 가치를 분석해낼 수 있는 능력이 있습니다. 그리고 가치를 평가할 원칙을 가지고 있습니다. 그 원칙을 정하고 그 원칙을 통해서 매수 매도 보유를 결정합니다. 남들이 산다고 사지 않고 남들이 판다고 팔지 않습니다.

가치 투자자는 자신의 기준을 통해 가치를 산출합니다. 다음 장에서는 가치를 판단하는 기준 중의 하나인 수익률 계산법을 알아보겠습니다.

가치 평가법

1. 수익률 환산법 : 연 월세 ÷ 기대 수익률 = 매매가
2. 거래 사례 비교법 : A지역은 B지역보다 3,000만 원 더 비싸다. A지역이 최근에 2,000만 원 올랐으니 B지역도 2,000만 원이 올라야 마땅하다.
3. 원가법 : 땅값 + 건물값

투기 말고 '투자'를 해야 한다

투자는 나쁜 것일까요?

금본위제가 폐지된 화폐 경제에서는 돈의 가치가 하락할 수밖에 없습니다. 그래서 저축만으로는 내 자산의 손실을 막을 수 없습니다. 인플레이션 이상의 수익을 내는 투자를 해야만 내 자산 가치의 하락을 막을 수 있습니다.

예전에는 많은 자녀를 낳고 노후를 자녀와 함께 보내는 것이 자연스러운 현상이었습니다. 그래서 아들을 중시했고 맏아들은 나의 노후를 돌보아줄 특별한 자녀였습니다. 그러나 지금은 패턴이 바뀌어 부모와 성장한 자녀가 따로 사는 문화가 보편적으로 정착되었습니다.

노후는 노부부가 함께 지내야 하며 내가 일할 수 없는 때에는 투자로 수익을 내야만 합니다.

> 생산을 증가시키기 위한 활동을 투자라고 하고 생산 활동과 관련 없이 오직 이익을 추구할 목적으로 실물 자산이나 금융 자산을 구입하는 행위를 투기라고 한다. 땅을 구입하여 공장을 지어 상품을 생산하는 경우는 투자이고, 부동산의 가격 인상만을 노려 일정 기간 후에 이익을 남기고 다시 팔려는 목적을 가진 경우에는 투기가 된다.
>
> —『고교생을 위한 사회 용어 사전』중에서

투자와 투기의 구분은 확실하지 않습니다. 투자는 장기인 경우가 많고, 투기는 단기인 경우가 많습니다. 저평가된 것을 미래 가치를 보고 사는 것은 투자, 남들이 사니까 나도 사는 부화뇌동하는 경우를 투기라고 할까요?

미국 대통령 트럼프는 "오를 때를 기다리는 건 투기, 오르게 만드는 건 투자"라고 말했습니다.

하애진 한국거래소 파생상품연구센터 선임연구원은 "투자는 투자자가 감당할 수 있는 위험을 감수하는 대가로 합리적 수준에서 적정 수익을 기대하는 것이고, 투기는 합리적인 기대 없이 높은 위험을 부담하면서 요행을 바라고 자금을 투입하는 것이다."라고 했습니다.

또한 워런 버핏은 "투자란 주식 조각을 사는 것이 아니라 기업의 일부를 사서 그 기업이 성장하는 과정을 지켜보는 행위다. 반면에 투기란 주가 향방에 목을 매고 주사위를 던지는 행위다."라고 했습니다.

『부동산 용어사전』(2011, 부연사)에는 다음과 같이 정의합니다.

투자와 투기의 차이점

투 자	투 기
실수요자의 행위이다.	가수요자의 행위가 많다.
임대 아파트, 점포, 빌딩 등 수익성 용도의 자산 중 경제 부담력과 관리 가능한 양에 금전을 투입한다.	땅값이 낮은 미성숙지 등을 필요 이상으로 구입한다.
이용 관리할 의사가 있다.	이용, 관리할 의사가 없다.
예측 가능한 정당한 이익이 목적이다.	예측 불허하는 양도 차익이 목적이다.
시장 가격이 형성되며, 그것으로 거래한다.	투기 가격으로 거래한다.
충분한 기간 동안 소유한다.	보유 기간이 단기간이다
단기적인 투기 거래보다는 윤리적으로 고상하고 금융적으로 득이 된다.	전매로 이익을 실현시킨다.
시장을 조사하여 안전성과 합리성을 추구한다.	시장조사를 하지만 모험적, 도박적 금전 투입을 감행한다.
대상 부동산이 자기나 타인에게 기여한다.	대상 부동산이 소유될 뿐 자기나 타인에게 기여하지 못한다.

독자 여러분도 자신만의 투자 원칙을 만들기 바랍니다. 저의 경우에는 근거와 이유가 있다면 투자이고, 간단히 가격이 오른다는 이유로 사는 것은 투기라고 생각합니다.

주변 환경과 교통과 일자리 성장성이 좋은 지역의 소형 주거용 부동산을 사서 깨끗하게 손을 보고 적정 가격에 임대하는 임대 사업은 좋은 투자라고 생각합니다. 수익률을 계산하면 가치 평가가 가능하니 부동산 불경기나 호경기에 상관없이 원칙에 맞는 부동산을 구입할 수 있습니다. 원칙과 근거가 있다면 투자입니다.

집값을 결정하는 것은 '연봉'이다

부동산 투자의 가장 근원적인 질문을 하겠습니다. 왜 서울의 집값이 비싸고 속초의 집값이 쌀까요? 왜 강남의 집값이 비싸고 강북의 집값이 더 쌀까요? 미국도 도시에 따라 부동산 가격이 천차만별입니다.

부동산의 가격 결정 요인은 다양합니다. 수요 공급, 교통, 문화, 기후, 평지, 쇼핑, 학군, 의료, 문화, 안전 등 여러 가지입니다. 주가가 오르기 위해선 자산이나 미래 가치도 영향을 미치지만 가장 근원적인 힘은 영업 이익률의 상승입니다. 회사가 꾸준히 지속적인 이익이 나면 주가는 상승할 수밖에 없습니다.

상가의 경우는 내 가게 앞을 지나가는 발걸음 수가 중요합니다. 많은 사람이 내 가게 앞을 지나면 그중에 일부가 나의 고객이 되기 때문입니다.

그렇다면 집값의 주요 결정 요인은 무엇일까요? 바로 그 지역의 연봉(GNP, 월급, 수입)입니다.

거제도

거제도는 기업 도시이며 관광 도시입니다. 그런데 최근에 글로벌 경기 침체로 거제도의 조선소는 신규 선박의 발주가 급감하였습니다. 그러자 회사는 직원을 감원하고 연봉을 낮췄습니다. 그렇게 되니 가계 수입이 줄고 주부는 생활비를 줄이고 아이는 학원을 끊었습니다.

IMF도 몰랐을 정도로 호황을 누렸던 거제도이지만, 삼성과 대우 등의 조선소와 다른 중소기업들의 수주양이 줄자 그 영향이 섬 전체로 퍼졌습니다. 불황의 신호는 3년 전부터 켜졌지만 정보가 없었던 사람들은 거제도에 분양하는 아파트를 많이 분양받았습니다. 이곳의 많은 아파트는 완공 후에 임차인을 찾기 어려울 것입니다. 그 지역 노동자의 연봉 액수가 줄고 높은 연봉을 받는 사람들의 수가 줄면 그 지역의 집값은 따라서 하락합니다.

삼성전자

삼성전자에서 가장 높은 급여를 받는 사람은 강남역에 위치한 삼성타워에 근무하는 사람들일 것입니다. 집값 또한 강남역 인근이 가장 높습니다. 삼성전자에서 그다음으로 높은 급여를 받는 사람들은 영통, 기흥, 동탄에 위치한 연구원들일 것입니다. 기흥, 동탄, 영통의 집값은 그다음 서열을 차지합니다. 그리고 그다음으로 급여가 높은 곳은 천안과 아산 사이에 있는 탕정 산업 단지에 근무하는 사람들입니다. 이곳은 주로 생산 시설입니다. 세 곳 중 가장 집값이 쌉니다.

그런데 최근에 생산 시설을 평택에 많이 지었습니다. 그래서 천안의 직원들이 평택으로 많이 옮겨갔습니다. 그 결과 천안의 집값은 하락하였고, 전세가와 월세가도 떨어지다가 임차인을 구하기도 힘든 상황이 되었습니다. 설상가상으로 최근 천안 불당동에 5만 가구의 아파트가 들어서서 2016~2018년에 걸쳐 입주할 예정입니다. 즉 집값에 악영향을 미치는 공급이 늘어나게 된 것입니다.

5만 가구면 보수적으로 보아도 15만 명이 들어와야 하는 상황입니다. 반면에 평택은 군사도시이며 기업 도시인데 점점 많은 사람이 몰리니 집값이 꾸준히 증가하고 있습니다.

정리하면 삼성전자 직원들의 거주지별 연봉 순위는 '강남 〉 영통, 기흥, 동탄 〉 평택 〉 천안'이며, 이는 그 지역의 집값 평균과 정확하게 일치합니다.

서울

서울에서 가장 연봉이 높은 회사들이 모여 있는 곳은 어디일까요?

서울에서 가장 높은 급여를 받는 사람들은 강남역~삼성역까지, 즉 테헤란로라고 부르는 곳에 있습니다. 그 위쪽으로는 압구정동·청담동·신사동·논현동·삼성동이 있고 그 아래쪽으로는 도곡동·대치동 등이 있습니다.

그다음으로 급여가 높은 곳은 금융가가 모여 있는 여의도와 대기업 본사가 모여 있는 무교동, 명동, 을지로 등입니다. 그다음은 IT, 벤처 기업이 모여 있는 구로 가산디지털단지 인근입니다. 급여가 높은 회사의 밀집 지역은 그 인근에서 집값이 높습니다.

서울 외

서울은 아니지만 한때 강남만큼 집값이 비쌌던 곳이 과천입니다. 연봉이 높은 고위 공무원들이 많았기 때문입니다. 과천은 공무원들이 세종시로 옮겨가면서 집값이 하락했으나 워낙 입지가 좋은 곳이기에 다시 상승하고 있습니다.

세종시는 처음엔 과천의 공무원들이 이사 오지 않고 출퇴근하였지만, 점점 가족과 함께 이사 오면서 집값이 지속적으로 상승하고 있습니다. 입지와 환경이 좋고 높은 연봉을 받는 사람들이 많이 모여 있으면 그 지역의 집값은 반드시 오릅니다.

울산은 한때 강북보다 집값과 물가가 비싸고 소비, 문화, 교육의 수준이 높은 곳이었습니다. 현대중공업은 2011년에 주가가 50만 원 대였으나 2016년 9월 현재 13만 원대입니다. 그런데 최근에는 현대중공업과 울산의 다른 기업들의 영업 부진으로 그 일대 원룸은 반 이상이 공실이고 집값도 하락한 상태입니다.

반면에 판교 테크노밸리에는 유망한 벤처 기업들이 입주를 마쳐 공실이 없게 되고 높은 연봉을 받는 사람들이 밀집하면서 현재 집값이 상승하고 상가도 활기를 띱니다.

2016년 8월 개점 1주년을 맞은 현대백화점 판교점은 개점 초에 세웠던 매출 목표를 무난히 달성했다고 합니다. 2015년 8월 21일부터 2016년 8월 20일까지 1년 동안 7,500억 원의 매출액을 기록했는데, 이것은 전국 백화점 가운데 개점 1년차 최고 매출 기록이라고 합니다. 해당 기간 동안 판교점 방문객은 누계로 1,500만 명에 달하고 2016년 매출 8,000억 원, 2017년 매출 9,000억 원, 2020년 매출 1조 원 돌파를 목표로 하고 있습니다.

한편 인터넷에서 귀농 귀촌을 검색하면 어마어마한 자료가 올라옵니다. 귀농 귀촌 정착 지원 프로그램이 무료이고 귀농 학교도 있습니다. 경상도, 전라도, 충청도와 강원도 일부 지역은 인구가 지속적으로 줄어서 일부 마을엔 할아버지와 할머니만 남은 지역도 있습니다. 또한 사망률이 출생률을 앞질러서 마을의 가구 수가 100가구, 70가구, 40가구로 지속적으로 감소함에 따라 세수가 줄어들어 지방자치 재정이 부족하여 많은 어려움을 겪고 있습니다.

귀농 귀촌으로라도 인구를 늘려보려 하지만, 고령이 될수록 대도시로 모이니 인구가 쉽게 늘지 않습니다. 지방에서 인구를 늘이는 방법은 좋은 일자리를 만드는 것입니다. 좋은 일자리가 생겨서 연봉이 올라가면 젊은 인구가 증가하고 출산율이 높아지고 집값이 상승합니다.

외국

인도의 수도 뉴델리와 뉴델리에서 40km 거리에 있는 사하란푸르는 월세가 무려 10배 차이가 납니다. 인도는 국민의 평균 소득은 낮지만, 13억 인구의 상위 5% 부자는 선진국의 부자들과 소득의 차이가 없습니다.

필리핀은 1950~1960년대에 아시아에서 일본 다음으로 잘사는 나라였습니다. 우리나라의 장충체육관(1963년 개장) 건축에 큰 기여(설계, 시공, 감리)를 하기도 했습니다. 또한 6·25전쟁 때 우리나라를 도와준 16개 연합국 중의 하나였습니다. 박정희 대통령은 "필리핀이 부럽습니다. 우리도 필리핀의 반의 반이라도 닮았으면 좋겠습니다."라고 말했다고 합니다. 당시 우리나라는 일본과는 경제 격차가 너무 커서 일본보다는 격차가 적은 필리핀에서 경제 발전을 배우려고 했습니다.

하지만 현재 필리핀은 국민소득이 2,500달러까지 급락했습니다. 이유는 부정선거와 부정부패 같은 정치적 불안정 때문입니다. 어쨌든 1960년대까지는 필리핀의 집값이 우리나라보다 비쌌고, 2016년 현재는 우리나라의 집값이 월등히 비쌉니다. 아르헨티나도 제2차 세계대전 후 소득이 급증하여 선진국으로 진입할 것처럼 보였으나 실패하였고, 경제가 무너지고 부동산 가격도 급락하였습니다.

우리나라 역시 마찬가지입니다. 아무리 금리를 낮추고 부동산 부양 정책을 실시해도 GNP가 지속적으로 하락하면 일부 지역(강남 3구)을 빼고는 부동산 가격이 하락할 수밖에 없습니다.

결론

부동산 가격을 결정하는 요인은 여러 가지입니다. 하지만 가장 근원적인 이유는 소득의 증가입니다. 도봉구의 집값이 강남구를 앞지르려면 교통이 좋아지고 좋은 학군이 생기고 문화 시설과 쇼핑센터가 생기는 것보다 테헤란로보다 급여를 더 많이 주는 회사가 도봉구에 더 많이 생기면 됩니다.

그러면 인구는 자동으로 늘고 평균 연령도 낮아지고 출산율도 높아지고 좋은 쇼핑센터가 생깁니다. 또한 길에서도 외제차를 흔하게 볼 수 있게 되며 고액 영어 유치원이 많아지고 음식점과 모든 자영업도 호황이 됩니다. 지저분하고 어두운 곳도 싹 사라지고 도봉구의 재정도 튼튼해지고 모든 것이 다 좋아집니다.

그렇게 되면 무엇보다 땅값이 오르고 부동산 가격과 집값도 상승합니다. 전세가와 월세가의 상승도 당연합니다. 내가 투자한 지역이 슬럼화되는지, 좋은 산업 단지나 종합병원이 생기는지에 따라 미래의 가격이 달라집니다. 높은 월급을 많이 주는 회사가 모여 있는 곳, 그리고 확대되는 곳의 부동산은 반드시 상승합니다.

새로운 10년은 어떤 부동산이 주목받을까?

　가치는 계속 변합니다. 2006년 가을에 강남발 부동산 대폭등이 있었습니다. 그 당시에는 똑똑한 한 채가 중요하였습니다. 똑똑한 한 채란 가장 좋은 핵심 위치의 가장 큰 대형 평형 아파트를 의미합니다. 당연히 강남의 대형 아파트가 최고의 가치였습니다.

　10년 전에는 지금처럼 소형 아파트를 선호하지 않았습니다. 10년이 지나서 다시 수도권 부동산에 봄이 왔지만 모두 다 온 것은 아닙니다. 그 당시 11억 원이 넘었던 노원구에서 가장 부촌인 중계동 은행 사거리에 위치한 48평 아파트는 2008년 초에 10억 원이 넘었으나 6억 원 초반까지 떨어졌다가 2016년 10월 현재는 7억 원대에서 거래되고 있습니다. 반면에 그 아파트의 바로 앞에 위치한 18평형 아파트는 10년 전에 1억 원도 하지 않았으나 지금은 2억 원이 훌쩍 넘었습니다. 대형 선호에서 소형 선호로 가치가 바뀐 것입니다.

그런가 하면 10년 전에는 학군만큼 학원이 중요하였습니다. 대치동, 목동, 중계동의 학원 인근 아파트는 가치가 높았습니다. 밤늦게까지 공부하는 자녀의 편의를 위하여 학원가 가까운 곳에 집을 구하고, 또 학원가 선생님을 아파트나 오피스텔로 모셔와 특별과외를 받곤 했습니다. 학원이 끝나는 저녁 시간에는 대형 버스와 학부모의 승용차로 도로가 마비될 지경이었습니다. 지금도 학원가는 인기이지만 예전만 못합니다. 예전엔 선불 예약금을 내고 학원 자리를 구하려 했으나 지금은 공실도 있습니다.

노부모와 성장한 자녀가 함께 살지 않는 것도 변화입니다. 제가 가진 부동산 중 상당수에는 노어머니가 사십니다. 자녀는 부모와 함께 살지 않고 자신의 집 근처에 소형 아파트를 임대하여 부모가 살도록 합니다.

또한 노후 준비금의 부족으로 관리비도 주거 선택의 중요한 요소가 되었습니다. 관리비는 타운하우스 〉 주상 복합 〉 대형 아파트 〉 오피스텔 〉 소형 아파트 〉 빌라 순으로 높습니다. 아무리 좋은 집이라고 해도 매달 관리비가 부담스럽다면 그 집에서 살기가 어렵습니다. 경기는 더 어려워지고 자기가 도대체 언제까지 살 수 있을지 알 수 없기 때문입니다.

그리고 예전엔 지하철 역세권이 지금처럼 중요하지는 않았습니다. 버스가 주요한 이동 수단이었으나 이제는 지하철이 가장 중요합니다. 날씨와 상관없이 원하는 지역까지 원하는 시간에 갈 수 있기 때문입니다. 고령자에게 자가용 운전은 어렵습니다. 엄청나게 늘어나는 고령자에게 가장 좋은 교통수단은 지하철입니다. 빠르고 정확하고 시원하고(따뜻하고) 무료입니다. 고령자는 앞으로 시간이 갈수록 더 많아지기 때문에 지하철의 중요성은 더욱 커질 것입니다.

현재 가장 좋은 입지는 지하철에서 반경 500m 이내의, 걸어서 7~10분 안에 도달할 수 있는 곳입니다. 지하철과 버스, 마을버스, 택시를 함께 이용할 수 있어야 합니다. 두 개의 지하철이 지나가는 더블 역세권이나 세 개의 지하철이 지나가는 트리플 역세권은 더욱 좋습니다.

또한 고령자는 병원에 갈 일이 많습니다. 종합병원에 쉽게 갈 수 있는지도 매우 중요한 요소입니다.

고령화 저성장 핵가족화로 사람들의 가치관이 바뀌기 시작했습니다. 아마도 계속 변할 것입니다. 사람들의 선호도가 바뀌면 가치가 바뀝니다. 변두리 지역에 10년간 가격의 변동이 별로 없던 아파트의 인근 빈터에 IT 벤처 타운이 생겨서 연봉을 많이 주는 직장이 생긴다면 그 아파트의 가치가 변합니다. 디트로이트를 먹여 살리던 자동차 회사들이 다 문을 닫는다면 디트로이트의 집 가치는 하락할 것입니다.

이렇듯 10년 만에 많은 변화가 생겼습니다. 새로운 10년은 더 큰 변화가 있을 것입니다. 투자자는 변화를 미리 보고 선점하는 사람입니다.

투자의 타이밍은 언제가 좋을까?

부동산은 크게 네 가지 종류가 있습니다.

1. 싸고 더 싸질 부동산
2. 싸지만 앞으로 비싸질 부동산
3. 비싸고 더 비싸질 부동산
4. 비싸지만 앞으로 싸질 부동산

달리 말하면

1. 비인기 지역 부동산
2. 저평가 지역 부동산
3. 인기 지역 부동산
4. 고평가 지역 부동산

또 다른 말로 하면

1. 사용 가치도 낮고 미래 가치도 낮게 평가된 부동산
2. 사용 가치는 높지만 미래 가치가 낮게 평가된 부동산
3. 사용 가치도 높고 미래 가치도 높게 평가된 부동산
4. 사용 가치는 낮지만 미래 가치가 높게 평가된 부동산

또 다른 말로 하면

1. 전·월세가가 낮고 매매가도 낮은 부동산
2. 전·월세가는 높지만 매매가가 낮은 부동산
3. 전·월세가도 높고 매매가도 높은 부동산
4. 전·월세가가 낮지만 매매가가 높은 부동산

이 네 가지의 부동산 중에서 투자자가 골라야 할 부동산은 2번입니다.

가치는 사용하면서 느끼는 만족감이며 가격은 화폐의 표시 단위입니다. 이렇듯 가치와 가격은 만나지 않습니다. 가격과 가치는 항상 다릅니다. 가치와 가격이 만나도 아주 잠깐일 뿐입니다. 가치에 비해 가격이 낮으면 투자하기에 좋은 부동산입니다. 가치에 비해 가격이 높으면 투자하면 안 되는 부동산입니다.

집값은 그대로인데 월세가가 오르는 시기가 있습니다.

매매가 1억 원, 월세가가 보증금 1,000만 원에 월세 40만 원인 부동산은 480 ÷ 9000 × 100 = 5.3%입니다. 그런데 월세가 10만 원이 오르면 600 ÷ 9000 × 100 = 6.6%입니다. 매매 가격은 같습니다. 하지만 수익률이 올랐습니다. 가치가 상승한 것입니다.

월세가 상승한 것이 바로 매매가에 반영되지 않을 수 있습니다. 보통의 부동산 계약 기간이 2년이기 때문에 그렇습니다.

다시 매매가가 2,000만 원 상승하면 600 ÷ 1억 1,000 × 100 = 5.4%가 됩니다. 돈은 귀신같이 금리를 더 주는 곳을 알아냅니다. 그리고 그곳으로 흘러가서 차이를 메워버립니다.

집값은 그대로인데 전세가가 오르는 시기가 있습니다.

매매가 1억 원 전세가 8,000만 원이면 전세가율이 80%입니다. 8000 ÷ 1억 × 100 = 80%

10년 전과 달리 요즘은 80%도 흔한 시대입니다.

전세가가 9,500만 원이 되면 매매가와 500만 원밖에 차이가 나지 않는 비정상적인 상태가 됩니다. 전세가율은 95%가 됩니다. 9500 ÷ 1억 × 100 = 95%

이 부동산이 다시 80%의 전세가율이 되려면 9500 ÷ 0.8 = 1억 1,875만 원입니다. 전세가가 하락할 요인(수요 공급)이 없을 때 평균 전세가율이 80%라면 매매가가 1억 2,000만 원으로 밀려 올라갈 가능성이 매우 높습니다.

전세와 월세는 사용 가치입니다. 내가 주거비로 얼마를 쓰는가입니다. 매매가는 미래 가치를 포함합니다. 지하철, 주변 호재(일자리, 개발),

재건축 재개발을 가격에 반영합니다.(남들이 미래 가치를 몰라서 가격 반영이 되지 않았을 때 투자하는 것도 좋은 방법입니다.) 그래서 사용 가치와 미래 가치는 차이 날 때가 있습니다. 그때가 투자의 타이밍입니다.

　매매가도 전세가도 직선으로 상승하지는 않습니다. 계단식 상승을 합니다. 계단식 상승을 하면 매매가와 전세가의 차이가 좁혀지기도 하고 넓어지기도 합니다.

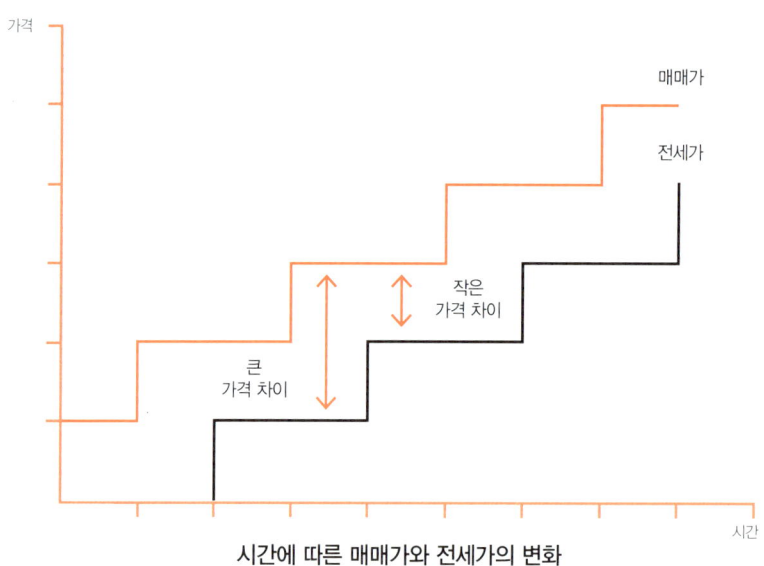

시간에 따른 매매가와 전세가의 변화

부동산 가치는 이렇게 계산한다

부동산 가치를 평가하는 방법은 세 가지입니다.

1. 수익률 계산법
2. 원가법
3. 거래 사례 비교법

제가 가장 중요하게 생각하는 부분이 수익률 계산법입니다. 수익률에 대하여는 다음 장에서 상세하게 설명하겠습니다.

원가법

원가법은 부동산의 원가를 계산하는 방법입니다. 부동산은 토지와 건축물로 이루어져 있습니다. 건축물의 내구연한(사용 가능 햇수)은 40년입니다. 그래서 40년이 지나야 재건축을 허용해줍니다.(지금은 30년으로 단축되었습니다.) 그러므로 땅값을 확인해야 합니다. 40년이 지나면 건물의 가치는 0원이 됩니다. 10년이 지났다면 75%로 생각하면 됩니다.

여기서 중요한 것은 과거의 건축비와 땅값이 아닌 현재의 건축비와 땅값으로 계산해야 한다는 것입니다. 어떤 경우에는 과거 시세로 계산되어 가격에 반영되지 않는 경우도 있습니다. 그것은 투자의 좋은 기회입니다.

땅값 확인 방법

1. 국토부의 토지 실거래가 검색
2. 경매 사이트에서 감정가와 과거 낙찰 물건 검색
3. 한국 부동산 실거래가 정보(크레피스)에서 인근 매매 사례 확인
   www.krepis.co.kr

> **부동산 가격 계산 방법**
>
> 부동산 가격 = 땅값 + 현재 건축비 × {(40 − 사용 연도) ÷ 40}

 20년을 사용한 건축물은 건물의 가치가 $\frac{1}{2}$이라고 생각하면 됩니다. 여기에 변수가 있습니다. 건축 자재비와 인건비입니다. 요즘 건축물은 1평당 건축비를 500만 원 정도로 보면 됩니다. 20년 전에 건축비가 300만 원이었고 건물이 100평이면 건축비가 3억 원입니다.

 그리고 20년 지난 지금은 건축비가 500만 원이고 40년의 절반이므로 500만 원 × 100평 × $\frac{1}{2}$ = 2억 5,000만 원이 됩니다. 시간이 지나서 20년 전의 건축비 3억 원의 절반인 1억 5,000만 원이 아닌 오히려 더 늘어난 2억 5,000만 원입니다.

 물가와 인건비에 따라 이렇게 오히려 늘 수도 있습니다. 지금 지으면 이 가격에 지을 수 없는 부동산에 투자하는 것도 좋은 투자 방법입니다. 원가법을 적용하면 건설사가 새로 지어도 이 가격에 지을 수 없는 부동산이 있습니다. 물가의 상승(시멘트, 모래, 철근, 인건비 등) 때문입니다. 한때 소형 아파트는 원가법으로 계산하면 가격이 싼 부동산이었습니다.

 유럽이나 일본은 100년 된 주택도 아직 사용하는 경우가 많습니다.

리모델링과 인테리어 변경으로 부동산의 가치를 계속 올리면서 임대 사업을 많이 합니다.

땅의 가격은 인터넷으로 확인할 수 있습니다. 물론 가장 정확한 가격은 그 지역 공인중개사 사무소 소장이 알고 있습니다.

예를 들어 구로구에 1989년에 지은 모 아파트는 최고층이 3층인 18평형 아파트로 매매가가 2억 4,000만 원인데 대지 지분이 29평입니다. 전세가는 1억 4,000만 원, 월세가는 보증금 2,000만 원에 월세 60만 원으로 평당가 1,333만 원, 전세가율 58%에 기본 수익률 3.2%로 투자 가치는 낮습니다.

하지만 대지 지분이 29평입니다. 땅값이 평당 1,000만 원이면 2억 9,000만 원, 평당 2,000만 원이면 5억 8,000만 원입니다. 땅값만 계산하여도 매매가를 훨씬 상회합니다. 시간만 있다면 실패할 수 없는 투자법입니다. 이런 부동산에 투자하는 것이 원가법(내재 가치 투자법)입니다.

거래 사례 비교법

거래 사례 비교법은 어느 지역에 A라는 아파트 단지가 있습니다. 그 지역이 가격이 조금씩 오르는 추세입니다. 최근 3억 9,000만 원에 주로 거래되었고, 4억 원이 넘게 거래되진 않았습니다. 그런데 로열 동에 로열 층이고 인테리어를 특별하게 한 아파트가 4억 1,000만 원에 거래되었습니다. 그러면 일단 주변 공인중개사 사무소에 4억 1,000만 원에 거래가 되었다는 소문이 납니다. 두세 달 후에는 국토부 사이트에 실거래가로 뜹니다. 그러면 그동안 3억 9,000만 원에 매도하려던 사람들이 최소한 4억 1,000만 원은 받겠다고 요구합니다.

또 다른 예는 A단지보다 항상 3,000만 원이 더 비쌌던 B단지도 A단지가 4억 1,000만 원에 거래되었으니 자기들은 매매가 4억 2,000만 원에 거래되던 가격을 4억 4,000만 원으로 올려야겠다고 생각하는 것입니다.

3억 9,000만 원에 거래되던 A단지 아파트가 경매에서 사람들이 수십 명이 몰려 4억 1,000만 원에 낙찰된 경우가 있습니다. 이처럼 경매의 낙찰가가 바로 매매가에 반영되기도 합니다.

이런 경우처럼 거래 사례를 보고 가격의 변동이 일어납니다.

하지만 저는 미래를 더 중요하게 생각하기 때문에 지하철역이 새로 생기거나 일자리가 새로 생기는 것을 매우 중요하게 생각합니다. 그곳의 수익률을 확인합니다.

4장

수익률을 알면
투자 가치가
보인다

수익률이 높으면 금리 인상을 견딜 수 있다

72의 법칙은 복리로 자산이 두 배가 되는 시간을 계산하는 방법입니다. 72를 수익률로 나누면 원금이 두 배가 되는 기간이 나옵니다. 수익률이 중요한 이유는 빨리 원금을 회수하여 재투자를 할 수 있기 때문입니다.

또한 수익률이 높으면 금리 인상을 견딜 수 있습니다.

예를 들어 매매가 1억 원, 월세가가 보증금 1,000만 원, 월세 40만 원인 부동산이 있다고 하면 수익률은 (40 × 12) ÷ (1억 − 9,000)이므로 480 ÷ 9,000 = 5.3%입니다.

72의 법칙

72 법칙 공식	실제 계산	자신이 두 배가 되는 시간
72 ÷ 6% = 12년	$1 \times 1.06^{12} = 1.89$	12년
72 ÷ 12% = 6년	$1 \times 1.12^{6} = 1.97$	6년
72 ÷ 24% = 3년	$1 \times 1.24^{3} = 1.9$	3년
72 ÷ 36% = 2년	$1 \times 1.36^{2} = 1.84$	2년

이 부동산 가격의 70%인 7,000만 원을 3.5%의 금리로 빌렸다고 하면 이자는 7,000 × 0.035 = 245만 원이며 월 이자는 20만 원이 됩니다.

대출 수익률은 (480 − 245) ÷ (1억 − 1,000 − 7,000) = 235 ÷ 2,000 = 11.75%입니다.

이 상태에서 금리가 오른다고 가정해보겠습니다.

대출 금리	연 이자	수익률	비고
4.5%	315만 원	8.2%	
5.5%	385만 원	4.7%	
6.5%	455만 원	1.25%	리먼 때 최고 금리 6.46%
7.5%	525만 원	−2.2%	

위의 표를 보면 수익은 매우 적지만 대출 금리가 6.5%일 때도 견딜 수는 있습니다. 그러므로 매매가와 전세가의 작은 차이뿐만 아니라 수익률도 투자 시에 눈여겨보아야 할 사항입니다.

수익률이 높으면 경제 위기가 와서 금리가 상승하여도 견딜 수 있습니다. 고금리 시기는 언제까지 지속되지 않으므로 1~2년만 버티면 금리가 다시 하락합니다. 물론 가장 안전한 사람은 대출 없이 월세를 주는 사람일 것입니다. 하지만 투자금이 많이 필요합니다.

대출이 있거나 전세를 준 사람들은 금리가 높은 시기를 견디기가 매우 어렵습니다. 그에 비하여 수익률을 바탕으로 한 투자자는 투자금이 적으면서도 경제 위기를 견딜 수 있습니다. 견디면 언젠가는 승리합니다.

2007년 8월 ~ 2015년 5월의 대출 금리

연월	이율(%)	비고	연월	이율(%)	비고
2007.8.	5.49		2011.11.	4.07	
2007.11.	5.83		2012.2.	4.05	
2008.2.	6.38		2012.5.	4.03	
2008.5.	5.89		2012.8.	3.51	
2008.11.	6.46	최고치 리먼 사태	2012.11.	3.40	
2009.2.	3.94		2013.2.	3.35	
2009.5.	2.92		2013.5.	3.29	
2009.11.	3.29		2013.8.	3.18	
2010.2.	3.37		2013.11.	3.15	
2010.5.	3.03		2014.2.	3.14	
2010.8.	3.01		2014.5.	3.14	
2010.11.	3.15		2014.8.	3.14	
2011.2.	3.29		2014.11.	2.79	
2011.5.	3.88		2015.2.	2.62	
2011.8.	4.08		2015.5.	2.31	

수익률을 알면 투자 가치가 보인다

수익률은 이자, 금리라고 생각하여도 됩니다.

1년간의 현금 흐름 ÷ 실투자 금액입니다. 1만 원의 주식에서 200원의 배당이 나오면 2%의 배당주이고, 2%의 상품이라고 생각하면 됩니다. 300원이 나오면 3%의 배당이고, 3%의 상품입니다. 누군가에게 돈을 100만 원 빌려주고 1년 후에 105만 원을 받는다고 하면 5%의 수익률이 됩니다.

▶ 수익률 = 1년간 현금 흐름 ÷ 실투자금 × 100(%로 환산하려면 × 100을 해야 함)

예를 들어 창고 이용료가 보증금 없이 1년에 500만 원이고 그 창고의 가격이 1억 원이면

500 ÷ 10,000 × 100 = 5%입니다.

1년 배당금이 400원인 주식을 내가 2만 원에 샀다면

400 ÷ 20,000 × 100 = 2%입니다.

일반 수익률에서 가장 중요한 것은 1년이라는 기간입니다. 수익률은 반드시 1년이라는 기간을 기준으로 합니다. 그래서 100만 원을 빌리고 6개월 후에 105만 원으로 갚는다고 하면 연 수익률은 5%가 아닌 10%가 됩니다. 3개월 후에 105만 원으로 갚는다고 하면 20%의 수익률이 됩니다.

▶ 1년에 40% 수익률 = 6개월에 20% 수익률 = 3개월에 10% 수익률 = 1개월 3.3% 수익률

만일 내가 빌려주고 받기를 3개월 단위로 쉬는 기간 없이 1년간 연속 4번을 한다면

1 × 1.05 × 1.05 × 1.05 × 1.05가 되며 답은 1.2155가 됩니다. 실질적으론 연 수익률이 21.55%가 됩니다.

하지만 3개월간 5%의 수익을 얻는다면 ×4를 해서 연 20%의 수익이라고 통상 생각합니다.

내가 투자한 금액 대비 1년간 나오는 돈, 이것이 일반 수익률입니다. 이제 주식이건 부동산이건 사업이건 수익이 나오는 모든 재화는 계산하면 수익률로 환산이 됩니다.

경매가 대중화되기 전에는 1월 1일~12월 31일까지 낙찰받고 바로 팔기를 3~4회하여 고수익을 내는 경우도 있었다고 합니다. 짧은 시간에 고수익을 낸다면 그것보다 더 좋은 것은 없습니다. 투자 원금이 회수되니 다른 곳에 재투자가 가능해지기 때문입니다.

이번에는 세 가지 수익률을 비교해보겠습니다.

A

자산은 5,000만 원인데 1년에 300만 원이 생긴다면
300 ÷ 5,000 × 100 = 6. 그러므로 6%

B

자산은 6,546만 원인데 1년에 321만 원이 생긴다면
321 ÷ 6,546 × 100 = 4.9. 그러므로 4.9%

C

자산은 7,000만 원인데 6개월에 200만 원이 생긴다면
200 ÷ 7,000 × 100 × (12개월 ÷ 6개월) = 5.7, 5.7%

누군가 당신에게 '1년간 5,000만 원 투자하면 300만 원 수입, 1년에 6,546만 원 투자하면 321만 원 수입, 6개월에 7,000만 원 투자하면 200만 원 수입, 3개월간 7,000만 원 투자하면 100만 원의 수입' 중에서 어디에 투자하겠냐고 물으면 이제 답을 하실 수 있나요?

300 ÷ 5,000 = 6%
321 ÷ 6,546 = 4.9%
200 ÷ 7,000 × 2 = 5.7%
100 ÷ 7,000 × 4 = 5.7%

수익률은 6%, 4.9%, 5.7%, 5.7%입니다. 안전성과 기타 조건 등 더 확인할 부분은 있으나 이 세 가지 투자처 중에서는 6%의 수익률이 나온 5,000만 원 투자 300만 원 수입이 가장 수익률이 높으니 나에게 유리합니다.

수익률을 알면 모든 재화의 가치를 산정할 수 있습니다.

임대 수익률은 이렇게 계산한다

    수익률은 그 자산에서 1년간 나오는 현금 흐름을 실제 투자한 투자비로 나눈 것입니다.

    그런데 부동산 투자는 대부분 보증금이 있습니다. 월세를 내지 못할 때나 그 부동산이 훼손되었을 때의 보상금 용도입니다. 부동산 기본 수익률은 그 부동산을 통하여 나오는 연간 현금 흐름 ÷ 실제 투자금입니다.(%로 표시하려면 연간 현금 흐름 / 실투자금 × 100)

    여기서 실제 투자금은 '매매가 − 보증금'입니다.

    예를 들어 1억 원짜리 부동산의 임대료가 보증금 1,000만 원에 월세 50만 원이라면 연간 현금 흐름은 50만 원 곱하기 12달이므로 총

600만 원입니다. 실투자금은 매매가 1억, 마이너스 보증금 1,000만 원으로 9,000만 원입니다. 그래서 600 ÷ 9,000은 6.6%입니다. 이 부동산의 수익률은 6.6%입니다. 6.6%짜리 상품입니다.

월세는 같고 보증금이 늘어날 때의 수익률 변화

매매가 1억 원 보증금 2,000만 원 월세 50만 원
= 600 ÷ (1억 − 2,000) × 100 = 7.5%

매매가 1억 원 보증금 3,000만 원 월세 50만 원
= 600 ÷ (1억 − 3,000) × 100 = 8.5%

매매가 1억 원 보증금 4,000만 원 월세 50만 원
= 600 ÷ (1억 − 4,000) × 100 = 10%

월세가 같은 조건에서 보증금이 늘어나는 것은 투자금이 적어지므로 수익률이 상승합니다.

보증금이 늘어난 만큼 월세를 줄일 때의 수익률 변화

매매가 1억 원 보증금 2,000만 원 월세 45만 원
= 540 ÷ (1억 − 2,000) × 100 = 6.7%

매매가 1억 원 보증금 3,000만 원 월세 40만 원
= 480 ÷ (1억 − 3,000) × 100 = 6.8%

매매가 1억 원 보증금 4,000만 원 월세 35만 원

= 420 ÷ (1억 − 4,000) × 100 = 7%

보증금 1,000만 원에 대하여 5%로 환산하면 비슷한 수익률이 나옵니다.

* 2000년대 이전에는 1,000만 원당 월 20만 원, 2010년대에는 보증금 1,000만 원당 10만 원으로 환산하였으나 최근에는 1,000만 원당 5만 원으로 환산합니다.

부동산 수익률을 더 엄밀하게 계산하면 취득세와 등록세, 중개수수료와 재산세, 수리비, 의료보험료 상승 등을 계산에 넣어야 합니다. 하지만 취·등록세는 구입 시 한 번만 발생하고 재산세는 그리 크지 않으니 계산에서 제외합니다. 선택은 본인의 몫입니다. 저는 가급적 단순하고 빠르게 본질을 파악하려고 해서 그렇게 생각합니다.

부동산 기본 수익률은 '매매가 − 보증금 = 실투자금' 개념을 알면 됩니다. 앞으로 모든 부동산을 투자할 때 최우선으로 기본 수익률을 체크합니다. 그리고 복합 수익률과 교통, 일자리를 확인합니다.

수익률이 어느 정도면 투자할 만할까?

매매가 1억 원, 전세가 8,000만 원, 월세가가 보증금 1,000만 원에, 월세 50만 원이면 600 ÷ 9,000 × 100 = 6.6.%입니다. 수익률이 6.6% 입니다.

수익률 6.6%이면 투자할 만할까요? 6.6%의 수익률은 좋은 수익률 일까요?

이는 금리에 따라 다릅니다. 금리는 시대에 따라서 다릅니다.

금리는 돈의 값입니다. 금리에는 여러 가지가 있지만 저는 1년 정기 예금 금리를 기준으로 삼습니다. 투자자에 따라서 기준 금리를 기준 삼는 경우도 있고, 대출 금리를 기준 삼는 경우도 있습니다. 하지만 저는 이 돈을 은행에 가만히 1년간 넣어두었을 때의 수익률을 비교합니다. 가장 안전하게 돈을 버는 방법은 정기예금입니다. 은행에 돈을 넣어서 가장 높고 안전한 수익을 예상할 수 있기 때문입니다.

지금처럼 1년 정기예금 금리가 1.5% 이하인 때는 부동산 투자 수익률과 정기예금 수익률이 5.1% 차이가 납니다. 5.1%면 굉장히 큰 차이입니다.(사실 2016년 11월 현재의 부동산 투자 수익률은 3~4% 정도가 보편적입니다. 2%도 못 미치는 부동산도 많습니다. 현재 1억 원의 부동산에서 보증금 1,000만 원에 월세 50만 원이 나오는 경우는 거의 없습니다.) 이는 굉장히 좋은 투자이고 좋은 투자처라는 이야기입니다.

하지만 2007~2008년 리먼 사태 때는 정기예금 금리가 평균 6~7% 내외였습니다.

이때는 투자할 만할까요? No!

1997년 IMF 이후 1998년에는 정기예금 금리가 13% 이상이었습니다.

이때는 투자할 만할까요? No!

1990년대 초반에는 정기예금 금리가 10% 이상이었습니다.

이때는 투자할 만할까요? No!

은행에 넣어만 두어도 8% 이상을 주는데 세입자 관리, 재산세와 각종 세금, 수리 요청에 무엇보다 환금성이 나빠서 돈이 필요해서 부동산을 팔려고 해도 즉시 팔리지 않는 경우도 많습니다. 부동산을 은행 이자보다 적은 수익률로 투자한다면 어리석은 행동입니다.

    그래서 금리는 부동산 투자에서 매우 중요한 요소입니다. 이러한 부동산의 차이를 위험률이라고 하겠습니다. 저는 이 위험률을 저는 3%로 봅니다. 그래서 수익률을 계산할 때 정기예금 금리에 3%를 더합니다. 이것을 기대 수익률이라고 합니다.

그러므로

정기예금 금리가 1%일 때는 4% 이상 수익이 나는 부동산에

정기예금 금리가 2%일 때는 5% 이상 수익이 나는 부동산에

정기예금 금리가 2.5%일 때는 5.5% 이상 수익이 나는 부동산에

정기예금 금리가 2.9%일 때는 5.9% 이상 수익이 나는 부동산에

정기예금 금리가 3%일 때는 6% 이상 수익이 나는 부동산에

정기예금 금리가 4%일 때는 7% 이상 수익이 나는 부동산에

투자합니다.

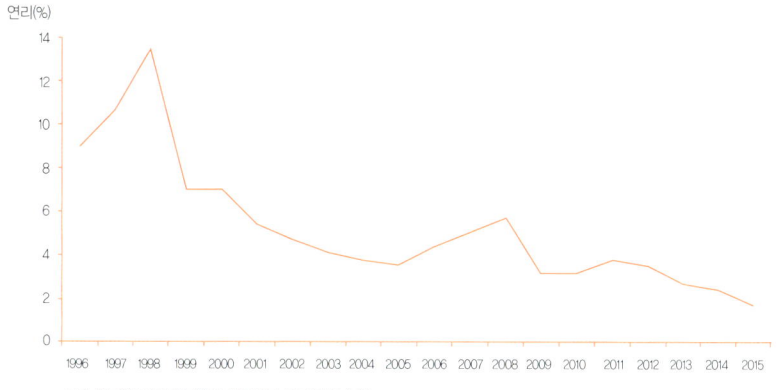

신규 취급액 기준 예금은행 정기예금 평균금리 추이.
1998년 연 13.39%에 달했던 금리는 2015년 1.72%로 떨어졌다.
(자료 : 한국은행 경제통계시스템)

1995 ~ 2015년 정기예금 금리 변화

　이 기준은 투자자에 따라서 다를 수 있습니다. 2%나 2.5%를 적용하는 투자자도 있습니다. 저는 3%를 기준으로 잡고 있습니다. 본인의 투자관이나 상황에 따라서 적절하게 적용하는 것이 좋은 방법이라고 생각합니다.

　금리는 부동산 투자에서 매우 중요한 요소입니다. 지금 정기예금 금리가 1%라고 가정했을 때 5%의 수익률이 나는 부동산에 투자하였다면 몇 년 후 금리가 2%로 상승하여도 위태롭지 않습니다. 2%대 금리의 최저 수익률이 5%이기 때문입니다. 그런데 얼마 후 금리가 3%로 상승하고 월세는 그대로여서 수익률과 은행 금리와의 차이가 2%가 된다면 예의 주시해야 하며 2% 아래로 떨어진다면 매도하여야 합니다.

금리는 계속 변합니다. 투자에서 금리만큼 중요한 것이 없습니다. 금리가 낮아지면 이자를 적게 내니 월세 수입이 늘고 부동산을 사야 할 타이밍입니다. 금리가 높아지면 이자가 늘어나서 월세 수입이 줄어드니 부동산을 보수적으로 투자해야 할 때입니다.

이렇듯 금리와 수익률은 밀접한 관계가 있습니다. 수익률을 기반으로 한 투자는 금리가 상승할 때 안전합니다. 정기예금이 1.5%일 때 수익률 4.5%가 나오는 부동산에 투자하였다면 대출 금리가 올라가도 버텨낼 수 있습니다. 4.5%가 최저 기대 수익률입니다.

물론 기대 수익률은 투자자의 기준에 따라 달라질 수 있습니다. 공격적 투자자는 기대 수익률을 올릴 수 있고 보수적 투자자는 낮출 수도 있습니다.

대출이 있으면
수익률 계산이 달라진다

　수익률이라는 용어를 혼동할 수 있으니 각별히 주의하기 바랍니다. 앞에서 기본 수익률을 이야기하였습니다. 부동산에서 기본으로 쓰는 수익률이라는 뜻입니다. 이제부터 이야기하는 것은 복합 수익률입니다. 기본 수익률과 복합 수익률의 차이는 대출금의 유무입니다. 대출금이 없는 부동산 수익률은 기본 수익률, 대출금이 있는 수익률은 복합 수익률입니다.

　저는 일단 부동산을 투자할 때 기본 수익률을 확인하고, 그다음에 복합 수익률을 계산합니다. 하지만 상가 오피스텔을 분양하는 분들은 무조건 복합 수익률을 강조합니다. 대출을 낀 수익률을 최대치로 높게 계산하여 광고합니다. 그래서 투자자는 기본 수익률과 복합 수익률의 차이를 알아야 합니다.

수익률의 공식은 '연간 현금 흐름 ÷ 실제 투자금 × 100'이라고 말했습니다. 대출이 없는 경우의 수익률을 기본 수익률이라고 한다면 대출을 낀 경우의 수익률을 복합 수익률이라고 할 수 있습니다.

매매가 1억 원, 전세가 8,000만 원, 월세가(보증금 1,000만 원, 월세 50만 원)인 소형 주거용 부동산일 경우의 기본 수익률은 (50만 원 × 12달) ÷ (1억 원 - 1,000만 원) × 100 = 6.6%입니다.

600 ÷ 9,000 × 100 = 6.6%

그런데 실제 투자금 9,000만 원 중 5,000만 원을 3% 금리로 빌린 경우는 복합 수익률입니다.

5,000만 원을 3%로 빌리면 수익률은?

(600 - 150) ÷ (9,000 - 5000) = 11.25%로 수익률이 바뀝니다. 수익률이 거의 두 배에 가깝기 때문에 훨씬 매력적으로 보입니다.

5,000만 원의 1년 3% 이자는 150만 원입니다.

그러므로 연간 현금 흐름은 600 - 150이므로 450만 원이 됩니다. 그리고 실투자금은 9,000 - 5,000 ⇒ 4,000, 4,000만 원이 됩니다. 그러면 복합 수익률은 450 ÷ 4,000 = 11.25%입니다. 거의 두 배 상승입니다!

1억 원의 90%인 9,000만 원을 3%로 빌리면?

600 − 270 ÷ 투자금 0원 = 수익률 무한대

1억 원의 80%인 8,000만 원을 3%로 빌리면?

600 − 240 ÷ 투자금 1,000만 원 = 36%

1억 원의 70%인 7,000만 원을 3%로 빌리면?

600 − 210 ÷ 투자금 2,000만 원 = 19%

1억 원의 60%인 6,000만 원을 3%로 빌리면?

600 − 180 ÷ 투자금 3,000만 원 = 14%

1억 원의 50%인 5,000만 원을 3%로 빌리면?

600 − 150 ÷ 투자금 4,000만 원 = 11.2%

1억 원의 40%인 4,000만 원을 3%로 빌리면?

600 − 120 ÷ 투자금 5,000만 원 = 9.6%

1억 원의 30%인 3,000만 원을 3%로 빌리면?

600 − 90 ÷ 투자금 6,000만 원 = 8.5%

1억 원의 20%인 2,000만 원을 3%로 빌리면?

600 − 60 ÷ 투자금 7,000만 원 = 7.7%

1억 원의 10%인 1,000만 원을 3%로 빌리면?

600 − 30 ÷ 투자금 8,000만 원 = 7.1%

매매가 (원)	대출 (%)	대출금 (만 원)	금리 (%)	계산식	수익률 (%)	월수입 (원)
1억	90	9,000	3	(600−270) ÷ 투자금 0	무한대	275,000
1억	80	8,000	3	(600−240) ÷ 투자금 1,000	36	300,000
1억	70	7,000	3	(600−210) ÷ 투자금 2,000	19	325,000
1억	60	6,000	3	(600−180) ÷ 투자금 3,000	14%	350,000
1억	50	5,000	3	(600−150) ÷ 투자금 4,000	11.2	375,000
1억	40	4,000	3	(600−120) ÷ 투자금 5,000	9.6	400,000
1억	30	3,000	3	(600−90) ÷ 투자금 6,000	8.5	425,000
1억	20	2,000	3	(600−60) ÷ 투자금 7,000	7.7	450,000
1억	10	1,000	3	(600−30) ÷ 투자금 8,000	7.1	475,000

▶ 대출금이 많아질수록 수익률은 올라갑니다. 현실적으론 쉽지 않지만 대출을 90% 받으면 보증금 1,000만 원으로 인하여 투자금이 0원이 되므로 수익률은 무한대가 됩니다. 또한 대출을 많이 받으면 매달 받는 금액은 적어집니다.(수익률이 낮아집니다.)

▶ 1억 원을 70% 대출받았을 때 금리 차이에 따른 수익률을 알아보겠습니다.

1억 원의 70%인 7,000만 원을 1% 금리로 빌리면?

600 − 70 ÷ 투자금 2,000만 원 = 26.5%. 월 44만 원

1억 원의 70%인 7,000만 원을 2% 금리로 빌리면?

600 − 140 ÷ 투자금 2,000만 원 = 23%. 월 38만 원

1억 원의 70%인 7,000만 원을 3% 금리로 빌리면?

600 − 210 ÷ 투자금 2,000만 원 = 19.5%. 월 32만 원

1억 원의 70%인 7,000만 원을 4% 금리로 빌리면?

600 − 280 ÷ 투자금 2,000만 원 = 16%. 월 26만 원

1억 원의 70%인 7,000만 원을 5% 금리로 빌리면?

600 − 350 ÷ 투자금 2,000만 원 = 12.5%. 월 20만 원

1억 원의 70%인 7,000만 원을 6% 금리로 빌리면?

600 − 420 ÷ 투자금 2,000만 원 = 9%. 월 15만 원

1억 원의 70%인 7,000만 원을 7% 금리로 빌리면?

600 − 490 ÷ 투자금 2,000만 원 = 5.5%. 월 9만 원

1억 원의 70%인 7,000만 원을 8% 금리로 빌리면?

600 − 560 ÷ 투자금 2,000만 원 = 2%. 월 3만 원

1억 원의 70%인 7,000만 원을 9% 금리로 빌리면?

600 − 630 ÷ 투자금 2,000만 원 = −1.5%. 월 −2만 5,000원

1억 원의 70%인 7,000만 원을 10% 금리로 빌리면?

600 − 700 ÷ 투자금 2,000만 원 = −5%. 월 −8만 3,000원

1억 원의 70%인 7,000만 원을 11% 금리로 빌리면?

600 − 770 ÷ 투자금 2,000만 원 = −8.5%. 월 −14만 원

1억 원의 70%인 7,000만 원을 12% 금리로 빌리면?

600 − 840 ÷ 투자금 2,000만 원 = −12%. 월 −20만 원

대출 금리 변동에 따른 수익률의 변화(70% 대출금 기준)

매매가 (원)	대출 (%)	대출금 (만 원)	금리 (%)	계산식	수익률 (%)	월수입 (원)
1억	70	7,000	1	(600−70) ÷ 투자금 2,000	26.5	440,000
1억	70	7,000	2	(600−140) ÷ 투자금 2,000	23	380,000
1억	70	7,000	3	(600−210) ÷ 투자금 2,000	19.5	320,000
1억	70	7,000	4	(600−280) ÷ 투자금 2,000	16	260,000
1억	70	7,000	5	(600−350) ÷ 투자금 2,000	12.5	200,000
1억	70	7,000	6	(600−420) ÷ 투자금 2,000	9	150,000
1억	70	7,000	7	(600−490) ÷ 투자금 2,000	5.5	90,000
1억	70	7,000	8	(600−560) ÷ 투자금 2,000	2	30,000
1억	70	7,000	9	(600−630) ÷ 투자금 2,000	−1.5	−25,000
1억	70	7,000	10	(600−700) ÷ 투자금 2,000	−5	−83,000
1억	70	7,000	11	(600−770) ÷ 투자금 2,000	−8.5	−140,000
1억	70	7,000	12	(600−840) ÷ 투자금 2,000	−12	−200,000

무난하게 받을 수 있는 70%의 대출금을 기준으로 하여 대출 금리 변동에 따른 수익률의 변화를 정리해보았습니다. 금리가 낮을수록 수익률이 높고 월세가 높습니다. 대출 금리가 높아지면 수익률과 월세가 낮아지며, 대출 이자가 9% 이상으로 올라가면 수익률과 월세가 모두 마이너스가 됩니다.

갑자기 금리가 치솟았던 20년 전의 IMF 시기와 10년 전의 리먼 사태 때 투자자는 매달 월세보다 더 많은 이자가 빠져나가니 매우 고통스러웠을 것입니다. 거기에 월세까지 하락하고 세입자가 나가겠다고 했다면 그 고통은 훨씬 가중되었을 것입니다. 그럴 경우 다시 경제가 회복될 때까지 이자를 내며 버티거나, 아니면 일부를 매도할 수 있습니다.

2008년 리먼 사태 때 제1금융권의 대출 이자는 최고 6~7%였습니다(개인의 신용도에 따라 차이가 있습니다.) 즉 수익률이 보장된 자산에 투자하면 리먼과 같은 고금리도 견딜 수 있습니다. 항상 저금리일 수 없듯이 항상 고금리일 수도 없습니다. 1~2년만 버티면 다시 금리는 낮아집니다.

앞의 표를 보며 배울 수 있는 점은 고금리는 매우 고통스럽다는 것입니다. 또한 이 부동산의 기본 수익률은 6.6%였습니다 (매매가 1억 원, 보증금 1,000만 원, 월세 50만 원). 수익률이 높은 부동산은 8%의 고금리에도 견딜 수 있습니다. 8% 대출 이자까지는 마이너스가 아닙니다.

하지만 수익률이 받쳐주지 못하는 부동산은 가격 하락이 더 심할 것이고 대출의 부담은 훨씬 더 클 것입니다. 투자에서 고금리 대출은 매우 주의해야 합니다.

큰 위기를 감지하였을 때의 유일한 대책은 투자 비율보다 현금 비율을 올리는 것입니다. 사실 해당 물건이 투자할 만한 것인지 앞으로 좋아질 가능성이 있는지를 체크하는 것보다 세계 경제의 위기를 감지하는 것이 훨씬 어렵습니다. 전문가라고 자처하는 사람도 대부분 알지 못합니다.

우리는 투자를 해야 하고 자신의 재산도 지켜야 합니다. 그렇기 때문에 세계 경제에 대해서도 관심을 가져야 합니다. 또한 대출 금액과 대출 금리의 변화를 잘 확인하여야 합니다. 투자 전략에 따라서 금리 상승기에는 고정 금리가 유리하고 금리 하락기에는 변동 금리가 유리합니다.

복합 수익률은 대출 가능 금액과 이자에 따라서 수익률에 큰 차이가 생깁니다. 투자자는 투자 물건을 기본 수익률과 복합 수익률 두 가지 다 계산하는 습관을 들여야 합니다. 기본 수익률로 투자 가치가 있는지를 확인하고 복합 수익률로 내가 얼마나 최대치의 수익을 뽑을 수 있는지를 계산할 수 있어야 합니다.

부동산을 얼마에 사면 적당할까?

수익률을 공부했으면 역수익률도 알아야 합니다. 역수익률이란 월세나 현금 흐름을 가지고 매매가를 역으로 산출하는 방법입니다. 이것은 매우 유용한 공식입니다. 수익이 생기는 모든 자산의 가치를 가격으로 환산할 수 있습니다.

앞서 수익률에서 매매가 1억 원, 전세가 8,000만 원, 월세가가 보증금 1,000만 원에 월세 50만 원인 부동산의 수익률은 600 ÷ 9,000 = 6.6%라고 하였습니다.

그럼 월세가 50만 원인 부동산의 가치는 얼마인가요?

답은 연간 총 현금 흐름 ÷ 기대 수익률입니다.

앞에서 2016년 현재의 최저 수익률을 4.5%라고 말씀드렸습니다. 그러면 계산식은 600 ÷ 0.045 = 1억 3,333만 원입니다. 즉 최대 1억 3,333만 원의 가치가 있는 것입니다.

기대 수익률이 5%이라면?
600 ÷ 0.05 = 1억 2,000만 원

기대 수익률이 6.6%라면?
600 ÷ 0.066 = 9,090만 원

연간 현금 흐름과 내가 희망하는 기대 수익률이 정해지면 모든 자산의 가격 산출이 가능합니다. 예를 들어 어떤 사람이 월세가 한 달에 100만 원 나오는 상가를 사라고 강권합니다. 배후 세대가 많고 몇 년 후에는 두 배로 오를 거라고 근거 없는 이야기를 합니다.

당신은 이 상가를 얼마면 사겠습니까?

답은 2억 6,666만 원입니다.

기대 수익률 4.5% 기준입니다. (100 × 12) ÷ 0.45 = 2억 6,666만 원입니다. 이것보다 비싸면 안 됩니다. 이것보다 싸면 사도 됩니다. 물론 보증금이 있으니 그것도 계산에 넣으면 더 현실적입니다. 다른 것도 확인해야 하지만 기준이 있어야 합니다. 저는 상가는 주거용 부동산보다 환금성이 낮으므로 기대 수익률을 더 높이는 것도 좋다고 생각합니다.

예제 1. 5%가 기대 수익률이고 보증금이 3,000만 원, 월세가 100만 원이 나오는 부동산을 얼마면 사도 될까요?
(100만 원 × 12달) ÷ 0.05 = x + 3,000만 원
⇒ 2억 4,000만 원 + 3,000만 원 ⇒ 2억 7,000만 원
답은 2억 7,000만 원입니다.

예제 2. 4%가 기대 수익률이고 보증금이 3,000만 원, 월세가 100만 원이라면?
(100만 원 × 12달) ÷ 0.04 = x + 3,000만 원
⇒ 3억 + 3,000만 원 ⇒ 3억 3,000만 원
답은 3억 3,000만 원입니다.

예제 3. 3%가 기대 수익률이고 보증금이 3,000만 원, 월세가 100만 원이라면?
(100만 원 × 12달) ÷ 0.03 = x + 3,000만 원
⇒ 4억 + 3,000만 원 ⇒ 4억 3,000만 원
답은 4억 3,000만 원입니다.

예제 4. 5%가 기대 수익률이고 보증금이 6,000만 원, 월세가 100만 원이라면?

(100만 원 × 12달) ÷ 0.05 = x + 6,000만 원

⇒ 2억 4,000만 원 + 6,000만 원 ⇒ 3억 원

답은 3억 원입니다.

예제 5. 5%가 나의 기대 수익률이고 보증금이 3,000만 원, 월세가 200만 원이라면?

(100만 원 × 12달) ÷ 0.05 = x + 3,000만 원

⇒ 4억 8,000만 원 + 3,000만 원 ⇒ 5억 1,000만 원

답은 5억 1,000만 원입니다.

역수익률을 알면 부동산의 가치를 역산할 수 있기 때문에 경매에서도 유리합니다. 대부분의 사람은 시세 1억 원, 감정가 1억 원인 신건이 나오면 대부분 한 번 더 유찰되기를 기다립니다. 시세도 감정가도 1억 원인데 비싸게 낙찰받을 이유가 없기 때문입니다. 그런데 이 부동산의 월세가 보증금 1,000만 원에 월세가 40만 원이 나온다면 480 ÷ 9,000 = 5.3%입니다. 기대 수익률을 5%로 가정하여 매매가를 역산하면 (480 ÷ 0.05) + 1,000 = 9,600 +1,000 = 1억 600입니다. 즉 1억 600

만 원을 써도 됩니다.

　기대 수익률이 4.5%이면 (480 ÷ 0.045) + 1,000 = 1억 666 + 1,000 = 1억 1666입니다. 즉 다른 사람들이 1억 원에서 얼마를 더 빼서 입찰가를 쓸지 고민할 때에 나는 1억 원에서 얼마를 더 쓸 수 있을지를 고민합니다. 그렇기 때문에 내가 1등할 확률이 높아집니다. 수익률을 알면 감정가와 시세에서 자유로워지기 때문입니다.

> 그렇다면 한 달에 300만 원의 월급을 받는 내 직장의 가치는 얼마일까요?
> 정기예금 금리로는 (300만 원 × 12달) ÷ 0.015 = 24억 원
> 기본 투자 수익률로는 (300만 원 × 12달) ÷ 0.045 = 8억 원입니다.

　매달 안정적으로 받는 급여가 얼마나 중요한지 아시겠지요?

수익률과 매매가는 반비례한다

매매가 1억 원에 전세가 8,000만 원, 월세가가 보증금 1,000만 원에 월세 35만 원인 부동산의 수익률은 4.7%입니다. 2016년 11월 현재 정기예금 금리가 1% 초반이므로 이 부동산은 괜찮은 투자처입니다.

저금리 시장에서 수익형 부동산에 사람들이 몰리면 매매가는 당연히 상승합니다. 매매가가 상승하면 수익률은 하락합니다.

> 매매가 1억 원일 때 수익률은 4.7%였으나,
>
> 매매가 1억 2,000만 원이면 3.8%,
>
> 매매가 1억 4,000만 원이면 3.2%,
>
> 매매가 1억 6,000만 원이면 2.8%로 하락합니다.

수익률이 하락했다(혹은 낮다)는 뜻은 매매가가 많이 올라서 투자 가치가 적다는 의미입니다. 이럴 때는 투자하지 않고 관망합니다. 매매가가 떨어지거나 월세가 오르면 수익률이 투자 적합의 범위에 들어옵니다. 그때 투자를 합니다.

매매가의 상승은 수익률의 하락입니다. 하지만 수익률의 상승은 매매가의 상승으로 보아도 됩니다. 특히 상가의 경우 월세로 수익률을 역산하여 매매가를 산정합니다. 높아진 수익률은 매매가에 반영됩니다. 기본 수익률을 계산하는 습관을 들이면 과도하게 비싼 부동산을 사거나 부동산 급등기에 상투를 잡을 일이 없습니다.

매매가와 수익률이 비례 관계로 아는 사람도 있는데, 매매가와 수익률은 반비례입니다.

> 매매가가 오를수록 수익률은 낮아지고 투자 가치가 적어집니다.
>
> 수익률이 오를수록 매매가가 낮아지고 투자 가치가 높아집니다.

그래서 수익률을 기반으로 한 투자는 투자 물건의 가격 하락이 겁나지 않습니다. 이것은 투자에서 엄청난 장점입니다.

상가를 예로 들면 배후 세대도 많고 건널목 앞이고 유동 인구가 많고 1층 코너 상가이면 매매 가격이 높고 투자 수익률이 적습니다. 상가 5층은 수익률이 더 높지만 환금성이 약하고 공실 발생 가능성도 있습니다. 불경기가 와서 장사가 안 될 때는 2, 3, 4, 5층은 장사가 안 되지만 그래도 1층은 조금 나을 수 있습니다. 누구나 갖기를 원하고 환금성이 좋은 것은 수익률이 조금 낮고 매매가는 비싼 것이 정석입니다.

강남의 아파트는 수익률이 서울의 다른 지역보다 낮습니다. 강남의 아파트는 누구나 소유하길 원합니다. 강남은 강남이라는 브랜드가 있습니다. 그래서 현금으로 전환하기가 쉽습니다. 그래서 매매가가 높고 매매가가 높으니 수익률이 조금 낮습니다.

부동산은 취약점이 환금성입니다. 환금성이 매우 높은 부동산은 수익률에서 −1%를 하는 것도 좋습니다. 강남 3구는 타 지역과 달리 중

대형이 강세인 지역으로 매매가는 높고 수익률은 낮습니다.

오피스텔은 수익성은 좋지만 환금성은 아파트에 비하여 낮습니다. 수익성이 낮더라도 환금성은 좋은 부동산이 있고, 환금성뿐만 아니라 수익률도 좋지 않은 부동산도 있습니다. 수익률과 더불어 환금성을 체크해보아야 합니다.

아파트는 환금성이 뛰어나기에(모두가 좋아하기에) 수익률이 다른 주거용 부동산보다 낮습니다. 대신 가격만 적당하다면 불경기에도 자금을 회수할 수 있습니다. 환금성은 중요한 투자 요소입니다. 잘못된 투자를 하면 평생 보유하면서 돈 한 푼 생기지 않고 재산세만 내는 상황이 생길 수도 있습니다.

환금성, 수익률, 시세 차익 이 세 가지는 부동산 투자에서 꼭 추구해야 할 사항입니다.

꾸준하게 매매가가 오르는 곳은 어디일까?

부동산 A는 매매가 1억 원, 전세가 8,000만 원, 월세가가 보증금 1,000만 원에, 월세 35만 원의 수익률은 4.7%입니다. 2016년 현재 정기예금 금리를 1.5%라고 가정합니다.

10년 후인 2026년에 부동산 A가 매매가 2억 원, 전세가 1억 6,000만 원, 월세가가 보증금 2,000만 원에, 월세 70만 원이 되었다면 70 × 12 ÷ 18,000 = 4.7%입니다. 정기예금 금리는 2.5% 오른 4%입니다.

10년 전과 같은 4.7% 수익률이지만 2026년 현재의 정기예금 금리가 4%이기에 기대 수익률은 6%이므로 4.7%의 수익률은 투자 가치가 없습니다.

이 계산에 의하면 2026년 현재는 투자 가치가 없습니다. 하지만 투자자는 이미 10년 전에 1억 원을 주고 샀으니 매매가가 2억 원이 아닌 1억 원입니다. 전세가 1억 6,000만 원, 월세가가 보증금 2,000만 원에, 월세 70만 원이면 70 × 12 ÷ 8,000(1억 − 2,000) × 100 = 10.5%입니다(인플레이션 미반영). 정기예금 금리가 4%가 되었어도 10년이 지난 지금의 수익률은 10.5%입니다. 즉 지금은 투자 가치가 높지 않지만 10년 전에 투자한 사람에게는 10%가 넘는 괜찮은 상품입니다.

20년 전에 10만 원을 주고 산 주식의 배당금이 2,000원이었습니다. 2,000 ÷ 10만 = 2%입니다. 이 회사가 삼성전자처럼 꾸준히 성장하여 주가가 200만 원이 되었고 배당을 4만 원씩 준다면 2%의 배당입니다. 그런데 투자자는 20년 전에 샀기에 10만 원 투자로 4만 원을 받는 것이니 40% 수익입니다.

현실에서는 불가능하지만 이 주식이 매년 10만 원씩 가격이 올랐다고 가정해보겠습니다. 그리고 매년 2%씩 배당을 받았다고 가정하겠습니다.

1년차 10만 원 배당금 2,000원

2년차 20만 원 배당금 4,000원

3년차 30만 원 배당금 6,000원

4년차 40만 원 배당금 8,000원

5년차 50만 원 배당금 1만 원

6년차 60만 원 배당금 1만 2,000원

7년차 70만 원 배당금 1만 4,000원

8년차 80만 원 배당금 1만 6,000원

9년차 90만 원 배당금 1만 8,000원

10년차 100만 원 배당금 2만 원

11년차 110만 원 배당금 2만 2,000원

12년차 120만 원 배당금 2만 4,000원

13년차 130만 원 배당금 2만 6,000원

14년차 140만 원 배당금 2만 8,000원

15년차 150만 원 배당금 3만 원

16년차 160만 원 배당금 3만 2,000원

17년차 170만 원 배당금 3만 4,000원

18년차 180만 원 배당금 3만 6,000원

19년차 190만 원 배당금 3만 8,000원

20년차 200만 원 배당금 4만 원

> 20년 전 10만 원 투자
>
> 주식 양도 차액 190만 원
>
> 20년간 배당금 합계 42만 원

20년간의 인플레이션은 계산하지 않았습니다. 10만 원 투자로 20년간 232만 원을 벌었습니다. 배당 수익률이 2%가 아니라 6%였다면 금액은 훨씬 컸을 것입니다. 배당금과 저축금을 모아 이 주식을 계속 샀다면 더 큰 금액이 되었을 것입니다.

우리는 이렇게 장기적으로 월세가 상승할 부동산에 투자하여야 합니다. 장기적으로 꾸준하게 월세와 매매가가 상승하는 부동산은 필승의 부동산입니다.

시간이 지날수록 교통이 편리해지고(역세권 ⇒ 더블 역세권 ⇒ 트리플 역세권), 일자리가 늘고 연봉이 높아지는 곳(마곡, 한전 부지 현대자동차, 판교 테크노밸리, 구로 가산디지털단지, 종합병원 인근, 영종도 국제공항, 제2롯데월드 등)이 그런 곳입니다.

앞으로 10년, 20년 후에도 가치가 높아질 부동산은 대도시 역세권 소형 주거용 부동산입니다.

남이 계산한 수익률을 믿지 마라

　수익률 계산법은 투자 물건의 가치를 파악할 수 있는 좋은 방법입니다. 그런데 이 수익률에는 함정이 있습니다. 수익률은 자신이 계산하여야 합니다. 남이 계산해주어서는 안 됩니다. 남이 계산해주는 수익률에는 사실(fact)이 아닌 가정이 포함되기 때문입니다.

　남이 계산한 수익률은 부풀려졌을 가능성이 매우 높습니다. 예를 들면 1억에 ○채 수익률 ○○%라는 것입니다.

　지금까지의 수익률을 종합해볼 때 수익률을 올리려면 다음 네 가지를 잘 조정하면 됩니다.

> 1. 월세를 올린다.
>
> 2. 보증금을 올린다.
>
> 3. 레버리지(대출) 비중을 높인다.
>
> 4. 대출 이자를 더 싼 곳을 이용한다.

   그런데 이 수익률을 올리는 방법을 분양하는 곳에서 가장 잘 활용하고 있습니다. 모델하우스나 분양 사무소는 지어놓은 부동산(상가나 오피스텔)을 파는 것이 아니라 지어질 부동산을 파는 곳입니다. 터(땅)만 있을 뿐 아직 실체가 없습니다. 그래서 월세 보증금 등은 예상이며 대출 가능 금액과 대출 금리도 투자자의 신용도에 따라서 다 다릅니다. 하지만 그들은 가장 좋은 신용도를 기준으로 하여 수익률을 기록합니다. 그런 부분에서 신규 분양을 받을 때는 주의해야 합니다.

   수익률을 가늠할 수 있는 최고의 방법은 인근에 가장 비슷한 부동산의 매매가와 전세가, 월세가를 확인하는 것입니다. 그리고 분양 사무소가 아닌 인근의 공인중개사 사무소 소장에게 이 부동산의 예상 매매가와 전세가, 월세가를 물어보는 것도 방법입니다. 그에게 얼마에 세를 놓아줄 수 있는지를 솔직하게 물어보아야 합니다. 분양 사무소와 이해관계가 없다면 견해를 솔직하게 말해줄 것입니다.

   높은 수익률은 모두 복합 수익률을 제시하는 것입니다. 월세가 높게 계산되지 않았는지 금리가 몇 %로 계산되었는지 꼭 확인하여야 합니다. 그리고 일단 복합 수익률이 아닌 기본 수익률로 계산하여서 수익률을 평가해야 합니다. 복합 수익률은 금리에 따른 변수가 있기 때문입니다.

만약 이를 확인하지 않고 계약금 내고 중도금 대출받고 잔금을 치렀다고 합시다. 나중에 가보면 분양했던 모델하우스도 없고 계약 당시 상담했던 직원은 타 지역으로 가서 그곳의 상가를 또 분양하고 있을 겁니다. 그들에게 분양받을 때 들었던 이야기와 달리 세가 나가지 않고 월세도 덜 받고 있다고 이야기하면 상권이 자리 잡는 중이니 조금만 더 기다리라고 이야기할 뿐입니다.

수익률은 부동산 투자에서 매우 중요한 체크 리스트입니다. 하지만 수익률이 만능이 아닙니다. 수익률 하나로 모든 부동산을 평가할 수는 없습니다. 이것이 기본 수익률인지 복합 수익률인지 확인해야 하고, 사실인지 가정인지도 꼭 확인해야 합니다. 그리고 미래의 호재와 악재까지 분석하여야 안전하고 우수한 투자가 가능합니다. 수익률만 믿어서는 안 됩니다.

수익률 총 정리

구분	포인트	공식
일반 수익률	기간 1년	1년간 현금 흐름 ÷ 투자 금액
임대 수익률	보 증 금	1년간 현금 흐름 ÷ (투자 금액 − 보증금)
기대 수익률	위험률 3%	정기예금 금리 + 3 %
대출 수익률	대출 포함	(1년간 현금 흐름 − 1년간 대출 이자) ÷ (투자 금액 − 보증금 − 대출금)
역수익률	기대 수익률	1년간 현금 흐름 ÷ 기대 수익률 = x + 보증금

수익률을 맹신하지 말고
대지 지분을 확인하라

　수익률은 투자에서 절대 조건이 아닌 필수 조건입니다. 저자가 수익률을 강조하는 이유는 단순히 매매가와 전세가만을 확인하는 갭 투자 때문입니다. 갭 투자는 시기에 따라서는 좋은 투자법이 될 수 있습니다. 저평가가 되어서 사용 가치인 전세가가 높고 매매가가 낮은 시기에는 좋은 투자법입니다.

　대세 상승 초반인 2012~2013년에 갭 투자를 한 투자자는 그간 매매가와 전세가가 동반 상승하였으므로 현재 안정적인 상태일 것입니다. 하지만 2016년에 갭 투자를 하였다면 전세가와 함께 필수적으로 월세가를 확인하여야 합니다. 대세 상승의 끝에 있기 때문에 월세가를 파악하여 금리보다 3% 높은 수익률을 확보한 안전한 부동산에 투자하는 것이 좋습니다.

수익률만 따지면 오피스텔과 도시형 생활 주택, 상가도 높습니다. 하지만 오피스텔은 임대 수익은 잘 나올 수 있지만 가격이 잘 오르지 않습니다. 그 이유는 부동산의 근원적 가치인 대지 지분이 매우 적기 때문입니다.

오피스텔에 투자하는 현명한 방법은 투자처를 서울과 1기 신도시에만 하는 것입니다. 또한 오피스텔은 지하철역과 붙은 곳(50m 이내)에 투자하기 바랍니다. 오피스텔은 200~300평만 있으면 쉽게 지을 수 있기 때문에 자신이 투자한 오피스텔 옆에 새 오피스텔이 생기는 순간 공실이 늘고 임대 수익이 줄어듭니다. 하지만 지하철역과 붙은 곳은 입지적 우월성으로 대체 불가능합니다. 그러므로 핵심 일자리로 쉽게 갈 수 있는 지하철역 인근의 오피스텔은 투자 가치가 있습니다.

부동산 전문 방송에서 소개하는 신축 빌라도 마찬가지입니다. 수익률은 높다고 하지만 매매가격도 비쌉니다. 특히 분양 당시에는 실체가 없고 예상 그림만 있다는 점에 주의해야 합니다. 이때의 정보는 분양 1~2년 후나 완공된 후의 예상 수익률입니다. 1~2년 전에 예상한 수익률이 입주 시점에서는 달라질 가능성이 있습니다.

그래서 저는 신규 분양하는 부동산은 구입하지 않습니다. 기존의 부동산에서 임대가와 교통, 일자리가 확인된 곳에 투자하는 것이 훨씬 안정적입니다. 서울에는 더 이상의 땅이 없습니다. 서울에서 신규 분양하는 모든 주택은 재건축, 재개발입니다. 그렇기 때문에 대지 지분이 큰 부동산에 투자하는 것은 매우 안정적인 투자법입니다.

등기부등본을 보면 대지 지분이 기록되어 있습니다. 대지 지분이 큰 부동산은 환골탈태나 상전벽해가 가능한 부동산입니다. 이에 반해 오피스텔은 수익률은 높을 수 있으나 대지 지분이 적습니다.

5장

불경기 투자, 이것만은 고려하라

1억 원의 가치는 10년 후 얼마일까?

현재 가치 계산법이란 미래에 받을 명목상 돈 1억 원이 현재의 화폐 가치로 얼마인지를 계산하는 방법입니다.

40년 뒤에 받게 될 1억 원은 요즘 돈으로 얼마가 될까요? 이 궁금증을 깔끔하게 해결해주는 것이 현재 가치법입니다. 1년의 물가 상승률이 얼마인지를 묻는 질문에 전문가들도 대부분 3~4%를 말합니다. 그래서 저는 1년 물가 상승률을 3.54%로 보고 있습니다.

3.54%의 물가 상승이 20년간 반복되면 돈의 가치가 $\frac{1}{2}$로 줄어듭니다. 저는 인플레이션으로 인한 화폐 가치의 하락을 쉽고 빨리 계산하기 위해 20년마다 돈의 가치는 반이 된다고 가정합니다. 순간적으로

계산할 수 있기 때문입니다. 이것은 3.54%의 물가가 20번 반복되면 물가는 두 배가 되고 돈의 가치는 반이 됩니다.

현재 가치, 즉 미래에 생길 돈이 요즘 돈으로 얼마가 될지 알려 주는 공식이 있습니다.

현재 가치법의 공식은 다음과 같습니다.

$$현재\ 가치 = \frac{미래의\ 돈}{(1 + 물가\ 상승률)^{연수}}$$

현재 가치는 미래의 돈을 (1 + 물가 상승률)의 제곱 연도로 나눈 것입니다.

1억 원이 물가 상승률 3.54%인 세상에서 10년 후의 현재 가치는 얼마일까요?

1억 원 ÷ 1.0354^{10} ⇒ 1억 원 ÷ 1.4160 = 7,062만 원

즉 현재의 1억 원은 10년 후에 7,062만 원의 가치가 된다는 것입니다. 약 29.38%의 가치 하락이 있다는 말입니다.

물가 상승률 3.54%일 때 10~50년 후 1억 원의 가치 변화

1억 원 ÷ 1.0354^{10} = 1억 원 ÷ 1.4160 = 7,062만 원, 약 70%

3.54%로 물가가 계속 오르면 10년 후에는 1억 원이 현재의 7,062만 원의 가치로 줄어듭니다.

1억 원 ÷ 1.0354^{20} = 1억 원 ÷ 2.0052 = 4,987만 원, 약 50%

3.54%로 물가가 계속 오르면 20년 후에는 1억 원이 현재의 4,987만 원의 가치로 줄어듭니다.

1억 원 ÷ 1.0354^{30} = 1억 원 ÷ 2.8395 = 3,521만 원, 약 35%

3.54%로 물가가 계속 오르면 30년 후에는 1억 원이 3,521만 원의 가치로 줄어듭니다.

1억 원 ÷ 1.0354^{40} = 1억 원 ÷ 4.0209 = 2,487만 원, 약 25%

3.54%로 물가가 계속 오르면 30년 후에는 1억 원이 2,487만 원의 가치로 줄어듭니다.

1억 원 ÷ 1.0354^{50} = 1억 원 ÷ 5.6938 = 1,756만 원, 약 18%

3.54%로 물가가 계속 오르면 30년 후에는 1억 원이 1,756만 원의 가치로 줄어듭니다.

물가의 복리에 따른 1억 원의 가치 변화율

물가 상승률	10년 후	20년 후	30년 후	40년 후	50년 후
3.54%	7,062만 원 (≒70%)	4,987만 원 (≒50%)	3,521만 원 (≒35%)	2,487만 원 (≒25%)	1,756만 원 (≒18%)

저는 간단하게 돈의 가치가 10년 후에는 70%, 20년 후에는 50%, 30년 후에는 35%, 40년 후에는 25%, 50년 후에는 18%로 줄어든다고 암기하여 투자에 이용합니다.

하지만 물가 상승률은 어디까지나 가정입니다. 3%일 수도, 4%일 수도, 5%일 수도, 6%일 수도 있습니다. 이것도 계산해보겠습니다.

현재 가치법을 이용해 30년 뒤의 1억 원을 요즘 돈으로 계산하면 얼마가 될까요? 매년 물가가 3% 정도 상승한다고 가정하면 30년 뒤의 1억 원은 요즘 돈으로 4,112만 원이 됩니다.

$$4{,}112만 원 = \frac{1억}{(1+0.03)^{30년}}$$

$1.03^{30} = 2.4272$

1억 원 ÷ 2.4272 = 4,112만 원

물가 상승률 3%일 때 10~50년 후의 1억 원의 가치 변화

1억 원 ÷ 1.03^{10} = 1억 원 ÷ 1.3439 = 7,441만 원. 약 74%

3%로 물가가 계속 오르면 10년 후에는 1억 원이 현재 7,441만 원의 가치로 줄어듭니다.

1억 원 ÷ 1.03^{20} = 1억 원 ÷ 1.8061 = 5,536만 원. 약 55%

3%로 물가가 계속 오르면 20년 후에는 1억 원이 현재 5,536만 원의 가치로 줄어듭니다.

1억 원 ÷ 1.03^{30} = 1억 원 ÷ 2.4272 = 4,119만 원. 약 41%

3%로 물가가 계속 오르면 30년 후에는 1억 원이 현재 4,119만 원의 가치로 줄어듭니다.

1억 원 ÷ 1.03^{40} = 1억 원 ÷ 3.2620 = 3,065만 원. 약 30%

3%로 물가가 계속 오르면 40년 후에는 1억 원이 현재 3,065만 원의 가치로 줄어듭니다.

1억 원 ÷ 1.03^{50} = 1억 원 ÷ 4.3839 = 2,281만 원. 약 23%

3%로 물가가 계속 오르면 50년 후에는 1억 원이 현재 2,281만 원의 가치로 줄어듭니다.

물가 상승률 4%일 때 10~50년 후의 1억 원의 가치 변화

1억 원 ÷ 1.04^{10} = 1억 원 ÷ 1.4802 = 6,755만 원. 약 68%

4%로 물가가 계속 오르면 10년 후에는 1억 원이 현재 6,755만 원의 가치로 줄어듭니다.

1억 원 ÷ 1.04^{20} = 1억 원 ÷ 2.1911 = 4,563만 원. 약 46%

4%로 물가가 계속 오르면 20년 후에는 1억 원이 현재 4,563만 원의 가치로 줄어듭니다.

1억 원 ÷ 1.04^{30} = 1억 원 ÷ 3.2433 = 3,083만 원. 약 31%

4%로 물가가 계속 오르면 30년 후에는 1억 원이 현재 3,083만 원의 가치로 줄어듭니다.

1억 원 ÷ 1.04^{40} = 1억 원 ÷ 4.8010 = 2,082만 원. 약 21%

4%로 물가가 계속 오르면 40년 후에는 1억 원이 현재 2,082만 원의 가치로 줄어듭니다.

1억 원 ÷ 1.04^{50} = 1억 원 ÷ 7.1066 = 1,407만 원. 약 14%

4%로 물가가 계속 오르면 50년 후에는 1억 원이 현재 1,407만 원의 가치로 줄어듭니다.

물가 상승률 5%일 때 10~50년 후의 1억 원의 가치 변화

1억 원 ÷ 1.05^{10} = 1억 원 ÷ 1.6288 = 6,139만 원. 약 61%

5%로 물가가 계속 오르면 10년 후에는 1억 원이 현재의 6,139만 원의 가치로 줄어듭니다.

1억 원 ÷ 1.05^{20} = 1억 원 ÷ 2.6532 = 3,769만 원. 약 38%

5%로 물가가 계속 오르면 20년 후에는 1억 원이 현재의 3,769만 원의 가치로 줄어듭니다.

1억 원 ÷ 1.05^{30} = 1억 원 ÷ 4.3219 = 2,313만 원. 약 23%

5%로 물가가 계속 오르면 30년 후에는 1억 원이 현재의 2,313만 원의 가치로 줄어듭니다.

1억 원 ÷ 1.05^{40} = 1억 원 ÷ 7.0399 = 1,420만 원. 약 14%

5%로 물가가 계속 오르면 40년 후에는 1억 원이 현재의 1,420만 원의 가치로 줄어듭니다.

1억 원 ÷ 1.05^{50} = 1억 원 ÷ 11.4673 = 872만 원. 약 9%

5%로 물가가 계속 오르면 50년 후에는 1억 원이 현재의 872만 원의 가치로 줄어듭니다.

물가 상승률 6%일 때 10~50년 후의 1억 원의 가치 변화

1억 원 ÷ 1.06^{10} = 1억 원 ÷ 1.7908 = 5,584만 원. 약 56%

6%로 물가가 계속 오르면 10년 후에는 1억 원이 현재의 5,584만 원의 가치로 줄어듭니다.

1억 원 ÷ 1.06^{20} = 1억 원 ÷ 3.2071 = 3,118만 원. 약 31%

6%로 물가가 계속 오르면 20년 후에는 1억 원이 현재의 3,118만 원의 가치로 줄어듭니다.

1억 원 ÷ 1.06^{30} = 1억 원 ÷ 5.7434 = 1,741만 원. 약 17%

6%로 물가가 계속 오르면 30년 후에는 1억 원이 현재의 1,741만 원의 가치로 줄어듭니다.

1억 원 ÷ 1.06^{40} = 1억 원 ÷ 10.2857 = 972만 원. 약 10%

6%로 물가가 계속 오르면 40년 후에는 1억 원이 현재의 972만 원의 가치로 줄어듭니다.

1억 원 ÷ 1.06^{50} = 1억 원 ÷ 18.4201 = 542만 원. 약 5%

6%로 물가가 계속 오르면 50년 후에는 1억 원이 현재의 542만 원의 가치로 줄어듭니다.

물가의 복리에 따른 1억 원의 가치 변화율

물가 상승률	10년 후	20년 후	30년 후	40년 후	50년 후
3%	74%	55%	41%	30%	23%
4%	68%	46%	31%	21%	14%
5%	61%	38%	23%	14%	9%
6%	56%	31%	17%	10%	5%

　물가 상승률에 따른 돈의 가치 하락을 보면 무시무시합니다. 강남의 땅이 불과 몇 만 원하던 시절도 있었다고 하니 40~50년 전의 물가 상승은 어마어마했을 것입니다.

　물가 상승을 가장 잘 이용하는 곳이 보험회사와 은행, 대기업, 정부입니다. 가장 좋은 건물은 보험사의 것입니다. 은행이나 대기업 정부는 인플레이션을 즐깁니다. 정부의 부채가 100조라고 해도 20년 후에는 50조로 줄고, 또 20년이 더 흐르면 25조로 줄기 때문입니다. 보험사도 좋습니다. 지금 당장 현금을 받고 나중에 푼돈을 주면 되기 때문입니다. 예금과 달리 보험 모집원에게 지급되는 수당이 많습니다. 그래서 해약 시에는 많은 비용을 제하고 받습니다.

이 비밀을 아는 사람은 가능한 한 대출을 많이 받아 투자를 하려고 합니다. 개인 대출 외에도 다양한 방법을 사용합니다. 이 비밀을 모르는 사람은 은행에 저금만 합니다. 집을 사도 대출을 최대한 줄여서 사려고 돈을 계속 모읍니다. 모으는 동안 집값은 더 오릅니다.(상당 부분은 오르는 것이 아니라 인플레이션이 반영된 것입니다.)

물론 그들은 이 비밀을 개인들이 아는 것을 원하지 않습니다. 그래서 10년을 주기로 금리를 올려서 대출자들이 파산하도록 유도합니다.

단리와 복리의 차이를 알아야 한다

단리 계산법

단리란 원금에 대해서만 이자가 붙는 것을 말합니다. 이자는 원금에 합산이 되지 않으므로 이자에 이자가 발생하지는 않습니다.

단리 계산법은 다음과 같습니다.

만기 금액 = 투자 원금(1 + 이자율 × 투자 연수)

원금 1억 원에 이자 6%, 햇수 13년이라고 했을 때 단리 계산법에 의한 이자는

1억 × (1 + 0.06 × 13년)

= 1억(1 + 0.78) = 100 × 1.78 = 178만 원

입니다. 달리 말하면 미래 가격은 '현재 가격 × {1 + (이자율 × 투자 연수)}'입니다.

그렇다면 현재 1억 원을 4%의 단리 이자로 20년 후에 준다면 미래에 얼마를 줄까요?

1억 × {1 + (0.4 × 20)} = 1억 × 1.8 = 1억 8,000만 원입니다.

복리 계산법

복리는 매 연말마다 이자를 원금에 더하여 그 합계액을 다음 기간의 원금으로 하여 다시 또 이자를 지급하는 것을 말합니다. 이자에 이자가 더 붙는 것입니다.

복리 계산법은 다음과 같습니다.

만기 금액 = 투자 원금$(1 + 이자율)^{투자\ 연수}$

이 방법을 사용하면 공학용 계산기가 아닌 일반 계산기로도 복리를 계산할 수 있습니다.

1억 원을 예금하고 연이율 5% 복리로 10년간 예치한 뒤에 수령액은 얼마일까요?

1억 원 × $(1 + 0.05)^{10}$ = ?

- 계산기에 1.05를 입력합니다.
- 곱하기(×)를 두 번 누릅니다.
- 그리고 엔터(=)를 승수보다 한 번 덜 칩니다.
  (10제곱이라면 9번)
- 그러면 1.62889463이 나옵니다.
- 여기에 1억 원을 곱합니다.
- 그러면 1억 6,288만 9,463원이 나옵니다.

현재 1억 원을 4%의 복리 이자로 20년 후에 준다면 미래에 얼마를 줄까요?

1억 원 $(1 + 0.04)^{20}$ = 1억 × 1.04^{20} = 1억 × 2.1911 = 2억 1,911만 원입니다.

복리와 단리의 차이는 2억 1,911만 원 - 1억 8,000만 원 = 3,911만 원입니다. 단리와 복리의 차이는 수익률이 높을수록 투자 기간이 길수록 더 커집니다. 복리 투자가 굉장히 어렵고 복잡한 것이 아닙니다.

복리는 내가 투자 통장에서 꺼낸 돈으로 투자처를 발굴해서 매매 차익과 월세 수입이 발생하였을 때 그것을 쓰지 않고 다 재투자를 하면 그것이 이자에 이자를 더하는 방식입니다. 내가 원하는 비근로소득이 달성될 때까지 모든 이익을 재투자하면 됩니다. 그것이 가장 쉽고 간단한 복리 투자입니다.

천재 과학자 아인슈타인 박사가 '세계 8번째 불가사의'라고 경이롭게 말했던 복리를 내가 만들어낼 수 있습니다. 복리 투자를 은행에서 해주는 것이 아니라 스스로 만드는 것입니다. 그 방법은 투자 통장을 만들어서 투자 통장의 돈으로 투자하고 투자 이익을 다시 통장에 넣는 것입니다. 그리고 투자를 반복합니다. 이익을 빼지 않습니다. 재투자합니다.

1억 원을 2년마다 양도 차액 10%, 월세 수익 10%를 받고, 계속 재투자하면 얼마가 될까요? 12년 후에 세 배가 됩니다.

1억 원을 2년 투자했을 때 상황별 수익

금액 \ 년	2000년	2002년	2004년	2006년	2008년	2010년	2012년
매매가 2년에 10% 상승		1,000 만 원	1,200 만 원	1,440 만 원	1,728 만 원	2,073 만 원	2,488 만 원
월세 연 5%, 2년에 10% 상승		1,000 만 원	1,200 만 원	1,440 만 원	1,728 만 원	2,073 만 원	2,488 만 원
투자금	1억 원	1억 2,000 만 원	1억 4,400 만 원	1억 7,280 만 원	2억 736 만 원	2억 4,882 만 원	2억 9,858 만 원

앞으로 부동산 정책은 어떻게 변할까?

부동산 투자에는 정책이 큰 영향을 미칩니다. 경제 여건이 좋을 때 부동산이 오르는 것이 정상적입니다. 20년 전에는 주가가 경기에 선행하고 부동산은 경기에 후행하는 것이 정석이었습니다. 주가와 부동산이 함께 오르기도 하고 경기에 상관없이 부동산이 상승하기도 하는데, 그것은 정책 때문입니다.

경기가 너무 좋지 않으면 정부는 정책으로 혜택을 주어 부동산 거래를 활성화시키고 부동산 가격이 상승하여 경제가 성장하도록 유도합니다. 1997년에 IMF를 극복한 방법은 금 모으기와 벤처 기업 육성, 신용카드 발급 등이 있습니다. 거기에 더해 부동산 투자를 유도하는 규제 완화 정책이 있었습니다. 정부는 경기가 너무 안 좋을 때 부동산을 부양시킵니다.

특히 양도세 면제라는 정책이 나오면 가장 큰 최후의 카드가 나왔다고 보면 됩니다. 물론 정책이 항상 성공하지 않을 수도 있습니다.

노무현 대통령(2002.2.~2008.2.)은 금리를 뺀 모든 규제책을 다 내놓았습니다. 그래도 결국 부동산은 잡지 못하였습니다. 금리를 올렸다면 잡을 수 있었겠지만, 금리의 상승은 경제 회복에 치명타를 줄 수 있기 때문에 사용할 수 없었습니다.

노무현 대통령 당시의 부동산 규제 정책(대못 정책이라고까지 불렸던 초강력 규제)은 해제되기까지 10년이라는 긴 시간이 걸렸습니다. 강력한 규제를 했던 노무현 정권 때는 부동산이 계속 올랐고 계속 부양책을 펼쳤던 이명박 정권 때는 계속 하락하였습니다. 하지만 규제는 공급의 부족을 초래하므로 결국 다시 상승하게 됩니다.

그래서 투자자는 정부의 정책을 유심히 보아야 합니다. 정부는 정책을 낼 때 미리 정보를 흘려서 국민들이 대처할 시간을 주며 이 정책에 대한 국민의 반응과 시장의 반응을 분석한 전문가의 견해를 살핍니다. 그 후에 수정하여 더 강하게 혹은 더 약하게 정책을 발표하여 시장을 관리합니다.

정부는 부동산이 너무 침체되는 것도, 너무 뜨겁게 달아오르는 것도 원하지 않습니다. 안정적으로 조금씩 오르기를 바랍니다. 부동산이 너무 침체되면 건설사가 부도나고 경기가 살아나지 않습니다. 집값이 너무 오르면 서민들의 생활이 어려워집니다. 또한 너무 오르거나 너무 떨어지면 거래가 사라져서 세금(취·등록세, 양도세)이 걷히지 않아서 정부가 힘들어집니다.

2014년부터 시작된 정부의 부동산 부양 정책으로 2015년과 2016년에 부동산이 어느 정도 올랐으므로 2016년 11월 현재는 그동안 풀어주었던 정책을 다시 규제하는 방향으로 가고 있습니다. 요즘에 재테크 시장에서 가장 뜨거운 곳이 부동산입니다. 재건축은 3~4억 원이 올랐고 강남은 2006년의 전고점을 훨씬 돌파하였습니다.

청약 열기도 매우 뜨겁습니다. 정부는 가계 부채를 우려하며 대출 규제와 신규 분양 규제를 구상하고 있습니다. 현재의 부동산 열기는 2014년의 규제 해제와 경기 부양책에서 비롯하였습니다.

2014년 부동산 정책

일시	내용
7.24.	LTV, DIT 대출 규제 완화 : 대출 비율이 상향 조정되어 6억 이상 강남 아파트 수혜
8.10월	금통위 기준 금리 0.5%P 인하 : 2.5% ⇒ 2%로 감소 이자 부담 감소
9.1.	부동산 대책 : 재건축 연한 40년 ⇒ 30년 청약 1위 기간 2년에서 1년으로 단축 민영 주택 85m^2 이하 가점제 지자체 자율 운영 – 청약 1위 증가 수도권 그린벨트 해제, 공공 택지 내 전매 제한 기간 완화, 세곡·내곡 보금자리 지구 수혜 택지 개발 촉진법 폐지 – 신도시 개발 ⇒ 도심 재생
10.30.	전월세 대책 : 단기 임대 주택 공급 확대, 준공공 임대 주택 활성화 ⇒ 실효성 한계
12.29.	부동산 3법 통과 : 분양가 상한제, 재건축 초과 이익 환수, 재건축 조합원 3주택 허용 ⇒ 강남 재건축 수혜

이렇듯 2014년에 시작된 부동산 부양책이 현재의 부동산 가격 상승의 원인이 되어 2015~2016년 현재까지 꾸준하게 상승하였습니다. 부동산 가격 상승으로 건설사는 분양을 많이 하였습니다. 아파트를 지으려고 땅을 샀다가 수년간 이자만 내며 부도 위기까지 몰렸던 건설사들이 순식간에 모든 부채를 다 갚고 큰 이익을 내었습니다.

집값이 오르고 부동산 경기가 살아나면 사람들이 돈을 쓰고 경제가 살아납니다. 2017년에는 대선이 있는데, 최근에 경제 성장률의 큰 부분을 책임지고 있는 것이 건설입니다.

정부가 조심하는 부분은 대출이 너무 많아지는 것입니다.(신규 분양은 집단 대출이 생기기 때문에 대출이 늘어날 수밖에 없습니다.) 대선 전에 경기가 더 하락되어도 안 되고 대선 전에 가계 부채로 경제가 파탄 나도 안 됩니다. 그렇게 되면 대권을 빼앗기고 야당에게 유리하기 때문이죠. 그래서 정부는 정책을 부양이 아닌 관리(침체되지만 않도록)로 바꾸었습니다. 현재 내수는 갤럭시노트7 판매 중단과 현대차 노조 파업으로 두 축이 망가진 상태이며 김영란 법으로 더욱 침체되었습니다.

이런 상황에서 부동산 시장이 경기에 미치는 영향력을 고려했을 때 정부 정책은 금리를 확 올리는 강경 모드로 갈 수는 없습니다. 하지만 가계 부채 증가와 가열된 신규 분양을 멈추려는 움직임에는 주의해야 합니다. 정부는 적격 대출을 다시 부활한다고 했지만 담보 대출을 축소하고 있습니다. 금리는 2014년 -0.5%, 2015년 -0.5%, 2016년 6월 -0.25%로 현재 1.25% 기준 금리로 최저입니다.

저금리 유동성은 글로벌한 현상입니다. 캐나다, 아일랜드, 영국, 일본, 중국에서는 저금리 유동성으로 부동산을 회복했습니다. 저금리가 대출을 확대하고 그 돈이 부동산으로 쏠리는 현상은 당연한 결과입니다.

앞으로 정부는 부동산을 규제할 것입니다. 강남은 재건축 과거 고점 돌파, 청약 열기 과열, 신규 분양가 평당 4,000만 원을 돌파하였고 분양권 거래도 5,000~6,000만 원을 돌파하였습니다.

이제는 공격적 투자를 하지 말아야 합니다. 감당할 수 있는 대출을 받아야 합니다. 2015년에 비하여 2016년의 매매가와 전세가 성장률이 모두 현저하게 떨어졌습니다. 대구는 2015년에 많이 올랐으나 2016년에는 오히려 마이너스인 상태입니다. 공급 과잉 우려가 있는 지방은 특히 위험합니다.

지금 청약 경쟁률이 높은 것에 현혹되어선 안 됩니다. 프리미엄이 없으면 결코 계약하지 않아야 합니다. 상승 기조의 부동산이 2017년에 급하게 꺾이지는 않습니다. 2018년까지는 상승할 것으로 예상됩니다. 하지만 가계 자금 대출에 대한 부담 때문에 정부는 분양권 전매와 집단 대출을 규제하기 시작했습니다.

좋은 빚, 나쁜 빚, 보통 빚을 구분해야 한다

앞서 수익률에서 보았듯이 고금리의 대출은 가난으로 가는 특급 열차입니다. 사채를 한 번 쓰게 되면 어마어마한 고통을 겪습니다. 가장 나쁜 빚은 고금리 사채입니다. 그러면 대출을 받으면 안 될까요?

금본위제가 폐지되고 전 세계의 금융 시장이 개방된 현재 시점에서 미국이 돈을 풀면 달러 가치가 떨어지고, 달러 가치가 떨어지면 원화 가치가 올라갑니다. 원화 가치가 올라가면 수출 중심의 국가인 우리나라에서는 수출 경쟁력이 하락합니다. 그러면 우리나라는 돈을 더 풀어서 원화의 가치를 달러보다 더 낮춥니다. 그러면 원화의 가치가 하락하면서 저축이 많은 사람이 가장 큰 손실을 봅니다. 이렇듯 돈의 가치가 하락하는 것이 당연한 사회에서는 돈을 모아서 사려고 하면 모으는 몇 년간 이미 땅의 가격과 자재비, 인건비가 올라서 살 수 없는 가격이 됩니다.

2016년에 가계 부채에 대한 우려가 많았습니다. 생활비가 부족하여 받은 대출은 위험한 대출입니다. 신용카드 돌려 막기와 마찬가지로 갚기가 어렵습니다. 지금도 생활이 어려운데 부채를 갚기 위해서는 훨씬 더 많이 노력해야 합니다.

한편 부동산을 새로 분양받으면 사람들이 집단 대출을 받습니다. 그 대출 금액이 크기는 하지만 부동산이라는 실물 자산이 있기 때문에 생활 자금 대출보다는 낫습니다. 실물 자산을 담보로 한 대출은 대출보다 자산의 가격이 더 높기 때문에 안전합니다. 최근에 가계 자금 대출이 늘어난 큰 원인 중 하나가 중도금 집단 대출입니다. 이것은 담보보다 훨씬 낮은 금액으로 대출하였으므로 '보통 빚'입니다.

가장 좋은 대출은 수익률을 기반으로 한 대출입니다. 부동산을 담보로 3% 금리로 대출을 받았다고 합시다. 이것으로 4% 이상의 수익을 낼 수 있습니다. 발품을 열심히 팔면 5%의 수익률을 내는 부동산을 찾을 수 있습니다. 물론 초보자는 어렵습니다. 대출을 포함한 복합 수익률로 투자를 하면 10% 이상의 부동산 투자도 가능합니다. 이것은 좋은 투자입니다. 대출이 생겼으나 대출 이자보다 훨씬 더 많은 월세가 들어오므로 안전하고 좋은 빚입니다.

좋은 빚과 나쁜 빚의 비교

수입이 줄거나 지출이 많아져서 받은 대출	차 할부금, 명품 가방, 현금 서비스	나쁜 빚
부동산을 담보로 한 대출, 신규 분양 대출	부동산 대출, 신규 분양 집단 대출	보통 빚
저금리로 대출받아 고수익율의 현금 흐름 투자	월세용 수익형 부동산 투자	좋은 빚

좋은 부채와 나쁜 부채를 구분하는 또 다른 방법이 있습니다. 그것은 이자를 누가 내는지 파악하는 것입니다. 비싼 아파트를 분양받아서 평생 부채를 갚는 경우도 있습니다. 전세로 사는 것보다는 자기 집을 사는 것은 좋은 투자입니다.

물론 너무 좋은 아파트를 사는 것은 문제가 됩니다. 평생 돈을 벌어서 아파트 대출을 갚는 데 다 쓰는 경우가 있기 때문입니다. 이런 경우는 자기 집을 마련하는 데 많은 시간이 걸리고 집 때문에 하고 싶은 여가도 즐기지 못하고 다른 곳에 투자하지도 못하기 때문에 나쁜 부채라고 할 수 있습니다.

그런데 투자용으로 매매가 1억 원, 전세가 8,000만 원, 월세가가 보증금 1,000만 원에 월세 40만 원 하는 부동산을 사서 매매가의 70%인 7,000만 원을 3%에 대출받았다고 하면 연간 이자는 210만 원입니다.

연간 월세는 480만 원입니다. 그래서 이자는 월세에서 냅니다. 이자를 내고도 270만 원이 남는 구조입니다. 내 돈이 2,000만 원 투자되고 연간 270만 원의 수입이 생기니 13.5%의 수익률입니다.

만일 세계 경제가 악화되어 대출 금리가 6%가 되어도 이자는 420만 원이기 때문에 월세 480만 원으로 견딜 수 있습니다. 이것은 좋은 부채입니다. 숫자가 많아지면 위험성이 있긴 하지만 좋은 부채입니다. 부채는 내 이름으로 되어 있지만 이 부채의 이자를 내는 사람은 내가 아닌 세입자입니다. 내가 아닌 남이 이자를 내는 빚은 좋은 빚입니다.

이자를 누가 내는지로 보는 좋은 빚과 나쁜 빚

나의 수입에 맞지 않는 큰 집을 사서 평생 이자와 원금을 갚는다.	나쁜 빚
대출받아서 산 부동산을 월세를 주어 월세로 이자를 갚는다.	좋은 빚

부채가 무조건 나쁜 것은 아닙니다. 지혜롭게 사용하면 경제적으로 여유로운 시간을 앞당길 수 있습니다.

주거비를 따져보면 전세가 정말 득일까?

사람은 반드시 땅을 딛고 살아야 합니다. 그래서 누구에게나 주거 비용이 듭니다. 미국의 경우에는 집을 살 때 대출이 거의 100%가 되므로 내야 하는 은행 이자와 월세 금액을 비교하여 집을 살지, 월세로 살지를 결정한다고 합니다.

나는 내 집에 부채 없이 살고 있으므로 주거 비용이 들지 않는다고 주장하는 사람도 있습니다. 하지만 내 집이 5억 원, 10억 원이라면 엉덩이에 5억 원, 10억 원을 깔고 앉은 것과 마찬가지입니다. 그 돈을 활용할 기회가 없다는 것입니다. 그것을 '기회비용의 상실'이라고 합니다.

매매할 때와 전세와 월세를 살 때의 주거 비용을 비교해보겠습니다. 수도권 제2기 신도시 중 한 지역에서 가장 흔한 33평 아파트를 모델로 하였습니다.

1. 9년 전에 2억 4,000만 원에 분양받은 경우입니다. 이후에 1억 5,000만 원의 가격 상승이 있었습니다. 만 9년간 3.54%의 물가 상승률 3억 1,701만 원보다 더 높은 상승입니다. 2억 4,000만 원을 은행에 넣었다고 해도 1.5%의 금리로는 360만 원을 벌 수 있으니 좋은 투자입니다.

2. 대출 없이 집을 3억 9,000만 원에 산 경우입니다. 은행에 1.5%로 넣어두어도 수익은 585만 원입니다. 즉 한 달에 49만 원으로 이 집을 이용하는 것과 같습니다. 시간이 지나고 집값이 더 오르면 살(이용)면서 가격도 오르니 좋습니다.

3. 내 돈 1억 4,000만 원과 대출금 2억 5,000만 원으로 집을 산 경우입니다. 1억 4,000만 원의 은행 이자 210만 원과 2억 5,000만 원의 대출 이자 750만 원을 합하면 960만 원입니다.

4. 내 돈 3억 3,000만 원 전액으로 전세를 사는 경우입니다. 3억 3,000만 원에 3.54%의 물가 상승률을 대입하면 1,168만 원의 화폐 가치 하락이 예상됩니다. 매달 100만 원에 가까운 손실이 있습니다. 전세가 가장 싼 주거 방법은 아닙니다.

5. 2억 5,000만 원의 3% 전세 자금 대출을 받은 경우도 연 1,033만 원의 비용이 듭니다.

6. 월세를 사는 경우에도 보증금에 물가 상승률을 대입하고 연간 월세를 더하면 1,306만 원의 비용이 발생합니다.

정리하자면, 수도권 신도시 33평 아파트의 시세는 다음과 같습니다.
- 매매가 3억 9,000만 원
- 전세가 3억 3,000만 원
- 월세가 보증금 3,000만 원, 월세 100만 원

매매, 전세, 월세의 주거 비용

	내역	주거 비용
매매 3억 9,000만 원	1. 9년 전 2억 4,000만 원에 분양받음 은행에 1.5%로 넣었을 때 수익	연 360만 원, 월 30만 원
	2. 대출 없음 은행에 1.5%로 넣었을 때 수익	연 585만 원, 월 49만 원
	3. 내 돈 1억 4,000만 원, 은행에 1.5%로 넣었을 때 수익 210만 원 대출 2억 5,000만 원, 3% 연 이자 750만 원	연 960만 원, 월 80만 원
전세 3억 3,000만 원	4. 3억 3,000만 원, 매년 물가 상승률 3.54%의 화폐 가치 하락	연 1,168만 원, 월 97만 원
	5. 2억 5,000만 원, 3% 전세 자금 대출 이자 750만 원 + 8,000만 원의 물가 상승률 3.54%는 1년에 283만 원	연 1,033만 원, 월 86만 원
월세 보증금 3,000 만 원 / 월세 100만 원	6. 보증금 3,000만 원의 물가 상승률 3.54%는 1년에 106만 원 + 월세 1,200만 원	연 1,306만 원, 월 108만 원

　이 경우를 종합하면 내 집에 사는 경우가 주거 비용이 가장 적게 듭니다. 기회비용을 감안하여 정기예금 이자를 적용해도 매달 금액이 그리 크지는 않습니다. 하지만 내 집이 15억 원, 20억 원이라면 기회

비용은 더 커질 것입니다. 물론 나의 만족과 프라이드, 차별성 등은 계산하기 어려운 가치입니다.

또한 워낙 변수가 있어서 위의 계산을 100% 신뢰할 수는 없습니다. 첫째 변수는 대출 금리입니다. 금리는 지금이 역사상으로 가장 낮은 때입니다. 둘째 변수는 전세의 월세 전환율입니다. 보통 보증금 1,000만 원에 월세 5만 원으로 계산하는 경우가 많은데 그렇게 하면 월세는 보증금 3,000만 원에 월세 150만 원일 수 있습니다. 그런데 이곳은 월세 시세가 100만 원입니다. 워낙 저금리여서 그럴 수도 있고, 지역에 따라 월세가 올라갈 수 있는 상한선이 있는 지역도 있습니다. 수입이 한정적이기 때문입니다. 이런 부분은 변수입니다.

중요하게 생각해볼 부분은 전부 자신의 돈으로 전세를 사는 경우와 전세 자금을 대출받은 경우, 월세를 사는 경우인데, 이 세 가지의 매달 환산 비용은 큰 차이가 없다는 것입니다. 전세 사는 사람은 월세는 매달 내 돈이 빠져나가지만, 전세는 그 돈을 그대로 돌려받는다는 생각에 월세보다 손해가 적다고 여기는데 옆의 표를 보면 전세도 가치 하락 면에서는 같습니다.

그래서 집을 사지 않고 전세로 사는 것이 낫다는 생각은 틀린 것일 수도 있습니다. 물가 상승률이 아주 낮을 때는 문제가 적지만 물가 상승률이 높아지면 월세 내는 만큼의 손실이 있습니다.

또 한 가지 생각해볼 부분은 9년 전에 2억 4,000만 원에 분양받은 사람이 9년간 대출금을 다 갚고 2억 5,000만 원을 3% 금리로 대출받을 경우입니다. 나의 돈 2억 4,000만 원은 대출로 다 회수되었습니다. 그 집에서 삽니다. 2억 5,000만 원으로 5%의 수익이 나오는 부동산에 투자할 경우 연 1,250만 원이 생기고 3% 대출 이자 750만 원을 빼면 500만 원이 남습니다. 월세를 낼 필요도 없고 2년 후 전세금을 올려주지 않아도 되는 내 집에 살면서 매년 500만 원이 남는 것입니다.

2억 5,000만 원을 10% 수익률의 부동산에 투자하면 연간 2,500만 원이 생기고, 이자 750만 원을 내고도 1,750만 원, 즉 매달 145만 원의 수익이 생깁니다. 이런 투자는 어떠신가요?

2006~2016년에 2년마다 5,000만 원의 전세 보증금을 올려주었습니다. 그래서 전세 보증금은 2억 원에서 4억 원으로 늘어났으나 매년 3.54%의 물가 상승이 있으면 10년 전에 비하여 실질 가치는 감소합니다. 앞에서 10년 후에 가치가 대략 70%가 된다고 하였습니다. 그래서 2억은 1억 3,947만 원의 가치로 줄고 5,000만 원도 4,652만 원에서 3,747만 원으로 가치가 줄었습니다.

이것을 모두 합산하면 13,947 + 3,747 + 4,027 + 4,328 + 4,652 = 30,701입니다. 10년간 9,299만 원의 가치 하락이 있었습니다. 매년 930만 원이고 한 달에 77만 5,000원입니다.

2억 원을 월세로 전환하면 (보증금 1,000만 원당 월세 5만 원의 비율) 월세 100만 원입니다.

4억 원을 월세로 전환하면 (보증금 1,000만 원당 월세 5만 원의 비율) 월세 200만 원입니다.

월세에 비해서는 적은 금액이지만 매 2년마다 전세금을 올려주는 것은 큰돈이 묶이는 것이며 결국 돈의 가치 하락을 막을 수 없습니다.

10년간 전세금을 2억에서 4억으로 올려준 경우 분석(물가 상승률 연 3.54%로 가정)

전세금(2년)	2억 원 ⇒	2억 5,000만 원 ⇒	3억 원 ⇒	3억 5,000만 원 ⇒	4억 원
가치 변화	2006~2008년	2008~2010년	2010~2012년	2012~2014년	2014~2016년
2억 원	1억 8,609만 원	1억 7,314만 원	1억 6,110만 원	1억 4,990만 원	1억 3,947만 원
5,000만 원		4,652만 원	4,328만 원	4,027만 원	3,747만 원
5,000만 원			4,652만 원	4,328만 원	4,027만 원
5,000만 원				4,652만 원	4,328만 원
5,000만 원					4,652만 원
계					3억 701만 원

▶ 결론

1. 전세로 사는 것도 비용이 발생하긴 마찬가지다.
2. 투자 실력을 키워 내 집에 묶인 돈도 안전한 투자에 활용하자.

인구가 줄면 부동산 가격은 어떻게 바뀔까?

인구가 줄어든다면 부동산의 가격은 어떻게 될까요? 자본주의 시장에서 가장 강력한 힘을 가진 것이 수요와 공급입니다. 부동산에서의 수요란 인구입니다. 하지만 지난 10년간을 보면 우리나라의 모든 부동산이 오르거나 내리지 않았습니다.

지난 10년간에도 인구의 변화가 일어났습니다. 경상북도처럼 인구가 줄면서 아파트 가격이 하락하는 지역도 있고, 서울·인천·강원·제주처럼 인구가 늘고 아파트 가격도 오르는 지역도 있습니다. 그렇기 때문에 인구를 볼 때 한반도 전체로 보면 안 됩니다.

한반도의 인구가 절반으로 줄어들어 2,500만 명이 산다고 가정했을 때 모든 도, 시, 구, 읍, 면, 동의 인구가 똑같이 절반이 되지는 않습니다. 우리나라 인구가 절반으로 줄어들어 2,500만 명이 산다고 해도 서울의 인구 감소는 미미할 것이라고 생각합니다. 수도권의 인구가 조금 줄고, 광역시급 대도시의 인구는 좀 더 감소하고, 기타 지방의 소도시는 텅텅 빌 것으로 보입니다.

일본에서 출간된 『지방 소멸』이라는 책이 있습니다. 이 책의 주된 내용은 지방의 소도시는 인구가 너무 줄었고, 수도권의 대도시는 인구가 늘었다는 내용입니다. 투자자는 인구에 대하여 말하려면 인터넷을 뒤져서 도시별, 구별, 동별로 분류하여서 그 지역의 인구를 조사하여야 합니다. 그리고 근거를 찾아내야 합니다. 누구나 납득할 수 있는 근거를 찾아서 그것을 토대로 투자하여야 합니다.

예를 들면 학군이 좋아진다든지, 좋은 학원가가 생긴다든지, 좋은 일자리가 생길 예정이라든지, 교통이 좋아져서 서울이나 핵심 일자리로 빨리 이동할 수 있다든지 등 분명한 근거가 있어야 합니다.

10년 전부터 매주 금요일이면 서울로 올라오기 위한 차들 때문에 경부고속도로의 오산부터 정체가 심합니다. 서울에서 일자리를 구하지 못한 사람들이 평일에 지방에서 근무하고 일을 마치고 주말에 서울로 오는 것입니다. 인구보다 훨씬 더 중요한 것은 좋은 일자리가 어디에 생길지입니다. 변화를 유심히 지켜보고 그곳에 투자를 하여야 합니다.

핵가족화도 부동산 가격 변화에 중요한 요인입니다. 현재 대한민국의 1인 가구가 30%, 2인 가구가 20%입니다. 합하여 50%인데 일본은 1, 2인 가구가 70%입니다. 즉 앞으로 1, 2인 가구가 20% 더 늘어난다고 볼 수 있습니다. 그러면 4~5인이 사용할 수 있는 방 4개 이상의 40평대 후반 이상의 아파트보다는 방 2개의 소형 주거용 부동산의 수요가 더 늘어날 것입니다. 앞으로는 지금보다 더 작은 집을 선호하게 될 것입니다. 관리비가 적어서 비용이 적게 드는 집을 선호하게 될 것입니다.

> 인구가 5,000만 명일 때 5명당 집 한 채가 필요하다면 1,000만 채면 됩니다.
> 인구가 5,000만 명일 때 4명당 집 한 채가 필요하다면 1,250만 채면 됩니다.
> 인구가 5,000만 명일 때 3명당 집 한 채가 필요하다면 1,666만 채면 됩니다.
> 인구가 5,000만 명일 때 2명당 집 한 채가 필요하다면 2,500만 채면 됩니다.

인구는 2020년부터 서서히 감소하지만 핵가족화는 앞으로 최소 10

년은 더 진행될 것입니다.

또한 부동산 가격에 영향을 미치는 요인에는 고령화가 있습니다. 주택연금은 자기 집에서 살면서 자기 집을 담보로 연금을 받는 제도입니다. 그런데 한국주택금융공사가 지금 당황하고 있습니다. 사망할 때까지 연금을 준다는 약속 때문입니다. 이 제도를 만들었을 때의 예상과 달리 가입자가 시간이 지나도 사망하지 않고 잘 살고 있습니다. 앞으로는 지급 금액을 줄이든지 지급 기한을 제한하든지 같은 수정안이 나올 것 같습니다.

2020년을 정점으로 인구는 줄어들 가능성이 큽니다. 출산율이 세계 제일의 수준으로 낮기 때문입니다. 하지만 고령화로 인하여 아주 완만하게 줄어들 것입니다. 여기에는 외국인의 인구 유입과 남북통일의 변수는 계산하지 않았습니다.

제가 어렸을 때는 텔레비전에서 '딸 아들 구별 없이 둘만 낳아 잘 키우자.'라고 출산율을 낮추려는 공익광고를 내보냈습니다. 불과 30년 전에는 지금을 예측하지 못했다는 이야기입니다. 20년 전에는 아들은 꼭 있어야 한다는 생각이 지배적이었습니다. 지금은 딸을 더 선호하는 추세로 바뀌었습니다. 30년 전에 지금의 저출산을 예측하지 못했듯이 30년 후의 인구 감소도 틀릴 확률이 높습니다. 먼 미래를 예측하는 것은 쉽지 않습니다.

다만 최소 20년간 인구는 큰 문제가 없다고 생각합니다. 투자자는 인구의 절대 숫자보다는 인구의 이동을 보아야 합니다. 인구는 대도시로 움직입니다.

인공지능이 부동산에도 영향을 미칠까?

4차 산업혁명이란 인공지능의 자동 제어 시스템이 나오면서 여러 산업에 유기적으로 연결되어 영향을 미치는 혁명적 사건입니다.

2009년에 출간한 『노후를 위해 집을 저축하라』에도 '이미 로봇의 시대다'라는 제목의 글을 썼습니다. 그 글에서 앞으로 컴퓨터, 센서, 프로그램의 영향으로 직장이 줄어드니 노후를 위하여 투자를 해야 한다는 결론을 내렸습니다.

지금까지 생산의 중심 이동은 미국 ⇒ 일본 ⇒ 한국 ⇒ 중국 ⇒ 동남아였습니다. 세계와 경쟁해야 하니 인건비가 싼 곳으로 생산기지(공장)가 옮겨가는 것입니다. 당연히 생산 경쟁력이 있는 국가로 부가 이

전될 것입니다.

그런데 지금 급속도로 변화가 일어나고 있습니다. 바로 공장이 본국으로 회귀하는 현상이 일어나고 있습니다. 그런데 새로 생기는 공장은 근무 인원이 100분의 1로 줄어들고 생산 능력은 4배로 늘어납니다. 인간은 프로그램만 제어하고 나머지 물건을 만드는 모든 일은 로봇이 합니다.

로봇은 쉬지도 않고 휴가나 병가를 요청하지도 않습니다. 또 야근도 마다하지 않고, 야근 수당이나 급여 인상, 보너스도 요구하지 않습니다.

앞으로 수많은 직업이 사라지고, 수많은 직장이 사라진다고 합니다.

4차 산업혁명으로 생산기지를 중국과 동남아에서 자국이나 수출국으로 옮기고 있습니다. 문제는 일자리가 생기지 않는다는 것입니다. 제가 강의를 할 때 가장 강조하는 것이 일자리와 연봉입니다.

4차 산업혁명은 일자리와 연봉에 큰 변화를 미칠 것입니다. 예상되는 변화는 다음과 같습니다.

첫째, 인간이 부품을 조립하는 것이 아닌 3D 프린터와 로봇을 IT 기술과 접목하여 새로운 산업혁명을 만드는 것이므로 빨리 추격한다면 IT 지능이 높은 한국인에게 새로운 기회가 될 수도 있습니다.

둘째, 지방의 산업 단지에 고용 인원이 크게 줄어들 확률이 생깁니다. 공장에 점점 로봇이 설치되고 생산직 인원이 줄어들 것입니다. 기업은 생산비가 저렴한 동남아와 중국에서 철수한 공장을 국내에 세우려 할 것입니다. 교통이 편리하고 땅값이 싼 곳에 공장을 세울 것이므로 땅 투자의 기회가 생길 것입니다.

셋째, 대도시는 기업뿐 아니라 교육, 쇼핑, 교통, 의료, 문화, 금융, 정치의 다양한 역할을 하기 때문에 4차 산업혁명에도 일자리 감소 충격이 덜할 것이고, 4차 산업혁명으로 일자리를 잃은 사람들이 오히려 더 많이 몰려들 것입니다.

넷째, 지방의 소도시 중에서 특히 관광 자원과 기업만 있는 도시는 4차 산업혁명에 더 취약할 것입니다.

다섯째, 앞으로 부자는 더 늘어나고 서민도 훨씬 더 많이 늘어날 것입니다. 그보다 더 급속하게 중산층은 줄어들 것입니다. 좋은 일자리는 줄어들고 퇴직 연령은 더 빨라질 것입니다.

교통이 좋아지면 부동산 가격은 반드시 오른다

　교통이 좋아지면 부동산 가격은 반드시 오릅니다. 여기서 교통이란 지하철역이 들어서거나 핵심 지역 도달 시간이 빨라지는 경우입니다. 원주에서 강릉까지 오가는 원강선 고속철도가 2017년까지는 시운전을 하고 평창 동계 올림픽이 열리는 2018년부터 운행을 시작한다고 합니다. 최고 속도는 330km이며 서울에서 강릉까지 1시간 30분에 달릴 수 있다고 합니다.

　이 뉴스는 2016년 3월 11일에 나왔습니다. 벌써 시운전 중이니 이 공사는 취소될 가능성이 없습니다. 부동산 가격은 1차로 발표 때 상승하고, 2차로 착공 후에 상승하고, 3차로 완공된 후에 상승합니다. 3단계로 상승합니다. 아직 완공 전이므로 지금 강릉의 부동산에 투자해도 결코 늦지 않습니다. 아직 1년도 더 남아 있습니다. 앞으로 울릉도에 공항이 생기고 흑산도에도 공항이 생긴다고 합니다. 공항이 생기면 100% 오릅니다.

서울과 경기도에도 앞으로 많은 지하철역과 KTX, GTX역이 생깁니다. 역이 생기는 곳의 집값은 완공될 때까지 계속 오릅니다. 핵심 일자리와의 접근성이 좋아지기 때문입니다. 서울에 주요 일자리가 몰려 있고 그곳까지 몇 분 만에 도착하는지는 매우 중요한 요소입니다. 그 시간이 50분보다 적어야 합니다. 1시간이 넘게 걸리면 하루에 출퇴근으로 3~4시간을 사용하게 되므로 부동산으로서의 가치는 줄어듭니다.

 광교나 판교가 한때 마이너스 프리미엄이었다가 가격이 비약적으로 상승한 이유는 신분당선 때문입니다. 지금도 강남역에 가면 30분대에 광교까지 도착할 수가 있다는 내용의 플래카드가 걸려 있습니다. 신분당선은 계속 연장되어 용산까지 연결될 것입니다. 앞으로 용산역은 7개 환승역이 되고 서울역도 7개 노선이 지나갈 것입니다. 여의도도 6개의 지하철이 미래에 지나갈 예정입니다. 이렇게 새로 생길 많은 지하철역과 KTX, GTX역을 중심으로 투자하는 것도 좋은 방법입니다.

제가 2007년 2월에 8,422만 원을 투자한 분당에 있는 현대벤처빌은 투자 후 바로 앞에 미금역이 생겼습니다. 현재 시세는 1억 7,000만 원 이상입니다. 2017년 10월에 신분당선이 개통되어 더블 역세권이 될 거라 개통 후에 더 오를 예정입니다.

2008년에 7,350만 원을 투자한 수원 권선동에 있는 세종오피스텔도 2013년에 오피스텔 바로 앞에 수원시청역이 생기면서 현 시세가 1억 3,000만 원 이상이며 꾸준히 상승하고 있습니다.

서울 중랑구 신내 시영 9단지 아파트도 2007년에 9,200만 원에 매입하였으나 봉화산역과 신내역이 생긴 후로 계속 올라서 현 시세는 1억 9,000만 원이 넘습니다.

이렇듯 교통이 좋아지고 지하철이 생기는 곳은 반드시 오릅니다. 교통 관련 공사는 계획, 착공, 완공의 3단계를 거칩니다. 일부 공사는 매우 늦어질 수 있으니 착공과 동시에 투자하면 2년 후 많은 상승을 예상할 수 있습니다.

앞으로 지하철이 생기게 될 곳은 매우 많습니다.
4호선이 당고개역에서 진접까지 연결됩니다.
5호선이 미사를 거쳐 검단까지 연결됩니다.
7호선이 장암역에서 연장됩니다.
8호선이 암사역에서 연장되어 별내까지 갑니다.
9호선 연장은 최고의 골든 라인입니다.

신분당선 연장선도 아주 좋습니다.

인천 지하철 2호선도 예정되어 있습니다.

이 밖에도 KTX, GTX, 수도권 경전철 등 수많은 역이 생길 예정입니다. 역이 생기는 곳마다 부동산의 가격은 반드시 상승할 것입니다. 그 지하철이 핵심 일자리 지역을 지나간다면 더욱 상승할 것입니다.

뉴스에서 개발 호재 소식을 찾아라

　신문을 보면 여러 부동산 기사가 있습니다. 주로 어디에 아파트를 짓는다는 내용입니다. 이것은 공급의 의미이므로 오히려 투자를 피해야 할 지역이 될 수 있습니다. 반면에 좋은 일자리가 생긴다는 기사는 부동산 투자에 매우 좋습니다.

　'어느 지역에 테크노밸리가 생긴다.', '○○대기업이 ○○지역에 ○○○억 원을 투자하여 특화된 제품을 생산할 것이며 매출액은 ○○조 원을 전망한다. 시장 규모는 ○○조 원이다.', '○○대기업이 ○○지역의 ○○공장에서 ○○제품을 생산하고 있다. 사상 최대 규모이고 미국의 ○○업체와 공급 계약을 하여 24시간 풀가동한다.'

이런 기사는 부동산 투자에 활용할 수 있는 좋은 기사입니다. 이 기사는 이 지역에 부동산 수요가 증가할 수 있다는 것을 의미합니다.

이런 정보를 입수하면 이 사업이 유망한지를 분석하고 인터넷에서 다양한 키워드로 검색하여 정보를 입수합니다. 그래서 어느 정도 이 지역과 그 산업에 대하여 지식을 갖춘 후에 그 지역 공인중개사 사무소 소장과 통화를 합니다. 이때 중요한 것은 직원이 몇 명이 필요한지가 중요하고 그 사업 단지를 위해 실제로 땅을 팠는지가 중요합니다.

앞서 교통(지하철)에서 말했듯이 이러한 호재(일자리)도 계획, 착공, 완공의 3단계를 거칩니다. 가장 투자에 적합한 시기는 착공했을 때입니다. 일단 착공하면 어찌하든 완공이 됩니다.

저는 2009년 11월에 영종도 하늘도시에 아파트를 분양받고 2013년 5월에 취득했습니다. 제 투자의 원칙은 기존 부동산을 사고 신규 분양은 받지 않는 것인데, 그때는 영종도 하늘도시에 마음이 갔습니다. 그곳에 투자를 결정한 이유는 '인천 3대 경제 자유 구역 중 최대 규모', '영종지구가 청라보다 미래 가치 우수해', '제3 연육교', '양도세 면제', '분양가 상한제 적용' 등의 기사보다 밀라노 디자인 시티, 영종 브로드웨이, MGM 스튜디오, 용유무의 레저 관광 단지, 메디시티 등의 개발 계획에 반했기 때문입니다. 모두 일자리 호재로 영종도에 우수한 일자리가 많이 생길 것이므로 최고의 투자처가 될 것이라고 예상했습니다.

그러나 영종도의 모든 개발 계획은 MOU라고 하여 실행하지 않아도 되는 것이었습니다. 결국 그 계획은 모두 취소되었고 24평 아파트를 2억 2,500만 원에 분양받았으나 한때 1억 6,000만 원까지 하락하기도 했습니다. 계약자는 취소를 요구하며 집단 소송에 들어갔고 지루한 소송을 통해 분양가 5% 할인이라는 초라한 결과에 만족해야 했습니다. 2016년 말 현재는 제2 여객 터미널 완공을 앞두고 있고 카지노도 개발되고 있어서 가격이 다시 2억 2,000만 원으로 회복되었고, 향후 3억 원까지는 상승할 것으로 보입니다.

이 이야기의 핵심은 개발 계획이 사실인지를 알아보고 투자하는 것이 더 좋다는 것입니다. 계획, 착공, 완공의 3단계에서 계획 시점이 투자에 가장 좋은 것 같지만 기다리는 시간과 투자의 정확성을 위해서는 착공 단계에 들어갔을 때 투자하는 것이 가장 좋습니다.

서울의 많은 재개발 지역 중에는 착공하지 못한 지역이 많고 또 어떤 개발 계획은 취소되는 경우도 있습니다. 계획이 발표되어 가격이 상승하였는데 계획이 다시 취소되면 가격이 하락합니다. 일자리(개발 호재)를 보고 투자하는 것은 매우 유용한 투자 방법이지만 착공 시기를 꼭 확인하여야 합니다.

그 지역의 공인중개사 사무소 소장은 그 지역의 전문가입니다. 본인의 사무실이 있는 주변의 부동산 뉴스에 지대한 관심이 있으며 나름의 견해를 가지고 있습니다. 물론 소장의 실력은 다 다릅니다. 분석력이 매우 뛰어난 소장을 만나기 위해서는 최소한 세 곳 이상의 소장을 만나야 합니다. 세 곳을 방문하여 투자 문의를 해보면 세 사람의 견해가 다 다르다는 사실에 놀랄 것입니다. 즉 신문 기사 관심 ⇒ 인터넷 조사 ⇒ 전화 문의 ⇒ 현장 방문 ⇒ 투자 시기 조정 ⇒ 투자 단계를 거치면 크게 실수하지 않습니다.

앞으로는 더욱 취업이 어려워지므로 일자리는 매우 중요한 주거의 요소가 됩니다. 어느 지역에 좋은 일자리가 생기면 반경 2~3km까지는 반드시 영향을 받습니다. 판교 테크노밸리에는 높은 연봉을 주는 좋은 일자리가 모여 있습니다. 집값에 영향을 끼치지 않을 수 없습니다. 강남의 집값이 비싼 이유 중에서 첫 번째는 테헤란밸리 근무자의 높은 연봉입니다. 어느 지역에 좋은 일자리가 생길 것인지를 살펴보는 것은 투자에서 가장 중요합니다.

이제 신문이나 뉴스를 보면 일자리를 먼저 생각해야 합니다. 예를 들어 용산을 미국의 맨해튼처럼 개발한다는 뉴스를 보면 이곳에 공원과 주상 복합 아파트 이외에 무엇이 들어올지를 생각해야 합니다.
최고의 일자리는 고위 공무원입니다. 고위 공무원이 모여 있던 과천과 최근에 모이고 있는 세종시는 집값이 당연히 비쌉니다. 그다음은 대기업 임원과 금융 종사자, IT 벤처 업체들입니다. 용산에 어떤 업무 시설이 들어올지를 분석해내야 합니다.

서울 영동대로에 '잠실구장 30배'의 지하 도시를 만든다고 합니다. 어떤 일자리가 몇 명이 필요할까요?

영종도에 제2 여객 터미널이 내년에 완공된다고 합니다. 지금도 이미 세계 제1의 공항으로 동북아 최고의 허브 공항인데 규모가 두 배로 늘어나면 일자리는 어떻게 될까요? 인천국제공항공사에서 일하는 사람들은 수입이 안정적이지 않을까요? 공항이라 24시간 일해야 할 테니 몇 명의 인원이 필요할까요?

롯데월드타워는 세계에서 네 번째로 높은 초고층 건물입니다. 수많은 관광객을 예상하며 연 8,000억 원의 수입 발생을 기대한다고 합니다. 이것은 어떤 일자리를 만들까요? 호텔, 쇼핑뿐만 아니라 업무 시설에는 얼마나 입주를 할까요? 거기에는 종사자가 얼마나 필요할까요? 등으로 생각을 넓혀야 합니다.

종합병원도 좋은 일자리입니다. 제가 2007년에 송파구 풍납동의 빌라를 산 이유는 바로 옆에 있는 아산병원이 증축하고 있었기 때문입니다. 간단하게 '종합병원이 증축하니 3교대로 많은 간호사가 필요하겠다. 그럼 그들이 어디에 살까?'라고 생각하여 1억 원을 주고 10평대의 빌라를 샀습니다. 지금은 가격이 1억 8,000만 원 정도이며 아산병원 간호사들이 사용하고 있습니다. 2007년에 신내 시영 9단지를 매입한 이유도 바로 앞에 서울특별시 서울 의료원이 생기기 때문이었습니다. 지금도 세가 잘 나가고 가격이 두 배 이상 상승하였습니다.

남과 다르게, 남보다 먼저, 남보다 확률이 높게 현상을 통하여 본질을 파악하는 사람은 승리할 수밖에 없습니다. 서울 역세권 소형 아파트가 좋다는 것을 모르는 사람이 있을까요? 모두 다 알면 이미 가격에 반영이 된 것입니다.

투자자는 변화를 읽고 분석하고 예측하는 사람입니다. 투자자는 현상(트렌드)을 보고 본질(돈의 이동)을 읽어야 합니다.

인플레이션(물가)을 이겨야 한다

　물건의 가치를 뜻하는 물가는 금리와 반비례하며, 20년 동안 약 두 배 정도 오릅니다. 3.54% 복리로 오르는 물가는 투자에서 매우 중요한 개념입니다. 돈의 크기는 금액으로 표시되지만, 이것의 가치가 영구불변한 것이 아니라 계속 바뀌기 때문입니다.

　1월 1일의 100만 원과 12월 31일의 100만 원은 다릅니다. 그것이 얼마나 다른지를 측정할 수 있어야 합니다. 국가에서는 물가를 관리합니다. 물가 관리 대상 품목으로 지정되면 국가에서 그 대상 품목이 많이 오르지 않도록 규제를 합니다. 하지만 물가 관리 대상 품목에 해당되지 않는 수많은 물건이 있습니다. 그래서 장바구니 물가나 실질 물가란 말들이 생겨납니다.

시대별 자장면 가격

연도	가격	연도	가격
1960년대 초	15원 (대중 음식이 아닌 고급 음식)	1990년 초	1,300원
1960년 후반	20~30원	1990년 말	2,000원
1974년	200원	2003년	2,500~3,000원
1984년	500원	2016년	4,500~5,000원
1988년	700원 (88서울올림픽 때 많이 팔림)		

가치 투자에서 중요한 부분이 '가치 평가'입니다. 가격과 가치는 항상 변하기 때문입니다. 일단 성공적인 투자를 위해서는 현재의 가치를 평가할 방법을 알아야 합니다. 돈은 교환의 수단으로도 쓰이고 가격을 표시하는 수단으로도 사용합니다. 그런데 가격을 표시하는 '돈'도 매일 가치가 계속 변합니다. 돈의 가치는 인플레이션의 영향을 받기 때문입니다.

매일매일 돈의 가치는 하락합니다. 아주 작은 하락이지만 이것이 1개월, 1년, 10년으로 늘어날 때는 그 영향이 매우 큽니다. 그 이유는 복리로 영향을 받기 때문입니다. 인플레이션은 물가 상승이며 화폐 가치의 하락입니다. 제 기준으로 보면 돈의 가치는 20년마다 반으로 하락한다는 것입니다.

지금 1만 원은 20년 후 5,000원의 가치밖에 안 된다는 뜻이며 지금 5,000원 하는 자장면은 20년 후 1만 원에 먹을 수 있다는 말입니다.

일반적으로 건물은 감가상각을 40년으로 잡습니다. 재건축 연한을 30년으로 잡는 경우도 있지만, 부동산에서는 통상 40년 후에 건물의 가치가 사라진다고 감정합니다.(하지만 서울에도 일제강점기 건물들이 아직 있고, 유럽과 일본에는 100년이 넘은 건물이 아주 많습니다.)

그렇기 때문에 통상 20년 전에 지은 건물의 가격은 40년의 절반인 2분의 1로 생각해야 하는 것이 상식입니다. 그러면 20년 전에 지은 건축비의 절반으로 계산해야 하는 걸까요? 아니면 현재 이 건물을 새로 지었을 때 가격의 절반으로 계산해야 하는 걸까요? 어느 것이 맞다고 생각하십니까?

바르게 계산하려면 20년 전의 시멘트값, 철근값, 인건비가 지금보다 두 배 이상 오른 것으로 감안해서 해야 합니다.

20년 만에 돈의 가치가 반으로 줄어든다는 것은 제가 임의로 정한 것입니다. 왜냐하면 모든 물건의 가격은 다 다르기 때문입니다. 예를 들면 쌀은 20년 전보다 가격이 하락한 상품입니다. 원자재의 가격은 일반 물가보다 더 많이 오르고 땅값은 훨씬 더 많이 오릅니다. 나름대로 10년의 두 배, 15년의 두 배 아니면 30년에 두 배라는 기준을 따로 정립하여도 됩니다. 어쨌든 이런 기준이 있으면 부동산 투자는 10년, 20년의 미래를 보는 투자가 될 수 있기 때문에 투자에 유용한 기준이 될 수 있습니다.

돈의 가치가 20년에 반이 된다는 것은 연 복리로 계산했을 때 1년에 3.54%입니다. 3.54%가 복리로 20번이 누적되면 두 배가 됩니다. 그러므로 1년 전에 1,000만 원을 빌렸다면 지금은 1,025만 4,000원을 돌려주어야 원금입니다. 1년 전의 1,000만 원은 현재 974만 6,000원의 가치입니다. 1,000만 원이 한 달에 평균 2만 원의 가치 하락이 있는 것입니다. 1,000만 원은 하루에 700원 정도의 가치 하락이 있습니다.

1억 원이면 하루 7,000만 원, 1년 254만 원, 10억 원이면 하루 7만 원, 1년 2,540만 원, 100억 원이면 하루 70만 원, 연간 2억 5,400만 원의 손실이 생깁니다. 10년이 지나면 연간 손실액 2억 5,400원의 10배인 25억 4,000만 원이 아니라 훨씬 더 큰 손실이 생깁니다. 복리이기 때문입니다.

다음 표에서 보듯이 시간이 흐를수록 물건의 가격은 올라가고 돈의 실질적인 가치(구매력)는 떨어집니다.

이 개념은 부동산 투자에서 매우 중요합니다.

물건 가격과 돈의 가치 관계

물건 가격의 상승	돈의 가치 하락
1. 1만 원	1. 1억 원
2. 1만 × 1.0354 = 1만 354원	2. 1억 ÷ 1.0354 = 9,658만 원
3. 1만 354원 × 1.0354 = 1만 720원	3. 9,685만 원 ÷ 1.0354 = 9,327만 원
4. 1만 720원 × 1.0354 = 1만 1,100원	4. 9,327만 원 ÷ 1.0354 = 9,008만 원
5. 1만 1,100원 × 1.0354 = 1만 1,492원	5. 9,008만 원 ÷ 1.0354 = 8,700만 원
6. 1만 1,492원 × 1.0354 = 1만 1,899원	6. 8,700만 원 ÷ 1.0354 = 8,403만 원
7. 1만 1,899원 × 1.0354 = 1만 2,321원	7. 8,403만 원 ÷ 1.0354 = 8,116만 원
8. 1만 2,757원 × 1.0354 = 1만 3,208원	8. 8,116만 원 ÷ 1.0354 = 7,838만 원
9. 1만 3,208원 × 1.0354 = 1만 3,676원	9. 7,838만 원 ÷ 1.0354 = 7,570만 원
10. 1만 3,676원 × 1.0354 = 1만 4,160원	10. 7,570만 원 ÷ 1.0354 = 7,311만 원
11. 1만 4,160원 × 1.0354 = 1만 4,661원	11. 7,311만 원 ÷ 1.0354 = 7,061만 원
12. 1만 4,661원 × 1.0354 = 1만 5,180원	12. 7,061만 원 ÷ 1.0354 = 6,820만 원
13. 1만 5,180원 × 1.0354 = 1만 5,718원	13. 6,820만 원 ÷ 1.0354 = 6,587만 원
14. 1만 5,718원 × 1.0354 = 1만 6,274원	14. 6,587만 원 ÷ 1.0354 = 6,362만 원
15. 1만 6,274원 × 1.0354 = 1만 6,850원	15. 6,362만 원 ÷ 1.0354 = 6,144만 원

16. 1만 6,850원 × 1.0354 = 1만 7,447원

17. 1만 7,447원 × 1.0354 = 1만 8,065원

18. 1만 8,065원 × 1.0354 = 1만 8,704원

19. 1만 8,704원 × 1.0354 = 1만 9,366원

20. 1만 9,366원 × 1.0354 = 2만 52원

21. 2만 52원 × 1.0354 = 2만 762원

22. 2만 762원 × 1.0354 = 2만 1,497원

23. 2만 1,497원 × 1.0354 = 2만 2,285원

24. 2만 2,258원 × 1.0354 = 2만 3,046원

25. 2만 3,046원 × 1.0354 = 2만 3,861원

26. 2만 3,861원 × 1.0354 = 2만 4,706원

27. 2만 4,706원 × 1.0354 = 2만 5,581원

28. 2만 5,581원 × 1.0354 = 2만 6,486원

29. 2만 6,486원 × 1.0354 = 2만 7,424원

30. 2만 7,424원 × 1.0354 = 2만 8,395원

16. 6,144만 원 ÷ 1.0354 = 5,934만 원

17. 5,934만 원 ÷ 1.0354 = 5,731만 원

18. 5,731만 원 ÷ 1.0354 = 5,535만 원

19. 5,535만 원 ÷ 1.0354 = 5,346만 원

20. 5,346만 원 ÷ 1.0354 = 5,163만 원

21. 5,163만 원 ÷ 1.0354 = 4,986만 원

22. 4,986만 원 ÷ 1.0354 = 4,816만 원

23. 4,816만 원 ÷ 1.0354 = 4,651만 원

24. 4,651만 원 ÷ 1.0354 = 4,492만 원

25. 4,492만 원 ÷ 1.0354 = 4,339만 원

26. 4,339만 원 ÷ 1.0354 = 4,190만 원

27. 4,190만 원 ÷ 1.0354 = 4,047만 원

28. 4,047만 원 ÷ 1.0354 = 3,909만 원

29. 3,909만 원 ÷ 1.0354 = 3,775만 원

30. 3,775만 원 ÷ 1.0354 = 3,646만 원

투자처를 찾는 8가지 방법

1단계 – 신규, 확대 일자리 찾기

고령화, 핵가족화, 4차 산업혁명 등으로 앞으로의 투자처는 서울과 1기 신도시, 인천이 1차 투자처이고, 여러 광역시가 2차 투자처가 될 것으로 보입니다. 그러므로 서울과 1기 신도시와 인천에 새로 일자리가 생기거나 일자리가 확대되는 곳을 신문과 뉴스 등을 통하여 찾아냅니다.

서울의 3대 고소득 직장 밀집지인 테헤란밸리, 을지로, 여의도의 일자리가 확대되는지 확인합니다. 또한 구로 가산디지털단지, 한전 부지 현대자동차, 제2롯데월드, 영동대로 지하화, 영종도 제2공항, 상암

DMC, 마곡 산업 단지, 잠실운동장 국제 교류 복합 지구, 고속터미널 개발, 남부터미널 현대화 등 크고 작은 일자리의 변화를 유심히 봅니다. LG의 배터리 사업, 한화의 태양광 산업도 좋은 투자처가 될 수 있습니다. 일자리가 생기면 근로자는 그 인근에서 소형 주거용 부동산을 찾을 것입니다. 그것이 어디인지를 분석합니다.

2단계 – 지하철 찾기

그냥 지하철이 생기는 것은 의미가 적습니다. 핵심 일자리로의 접근성이 중요합니다. 그래서 최고의 지하철은 2호선과 9호선입니다. 앞으로 신규 지하철, KTX, GTX, SRT역이 생겨서 핵심 일자리인 테헤란로, 여의도, 종로, 상암, 마곡, 판교 테크노밸리, 구로 가산디지털단지 등으로의 접근성이 좋은 곳을 찾습니다.

지금 교통이 좋은 곳이 아니라 앞으로 지하철이 생길 곳을 찾습니다. 판교와 광교의 아파트는 한때 분양가 이하로 가격이 하락하였다가 핵심 일자리인 강남역까지 33분 만에 도달할 수 있는 신분당선의 개통으로 가격이 두 배 상승하였습니다.

앞으로 핵심 일자리와 연결되는 지하철이 생길 곳과 새로운 일자리가 생길 곳에 투자하기 바랍니다. 시세 차익보다는 꾸준하게 월세를 안정적으로 받을 수 있는 곳이 좋습니다.

앞으로의 철도 건설을 보면 앞으로 새로 생길 지하철역이 수십 곳이 넘습니다.

앞으로 4, 5, 7, 8, 9호선이 연장되고 난곡선, 동북선, 대곡 소사선, 면목선, 목동선, 서부선 연장선, 시흥 광명선, 신림선, 신분당선 연장선, 신안산선, 우이 신설 연장선, 위례 신사선, 파주선 등이 새로 생길 예정입니다.

물론 지자체의 예산이 확보되지 않은 경우도 많으니 착공을 확인하고 투자를 해도 늦지 않습니다.

3단계 - 전세가율 확인

매매가, 전세가, 월세를 파악하고 사용 가치인 전세가가 70%를 넘는지 확인합니다. 예전에는 전세가율만 파악해도 사용 가치를 파악할 수 있었으나 지금은 전세자금 대출과 전세 부족으로 약간 고평가된 부분도 있습니다. 그래도 전세가 ÷ 매매가를 하여서 전세가율을 파악합니다. 전세 2억 5,000만 원에 매매가 3억 원이면 2.5억 ÷ 3억으로 83%입니다.

4단계 - 임대 수익률 확인

일단 기본 임대 수익률인 월세 ÷ 실투자금을 계산해봅니다. 매매가 1억이고 월세가가 보증금 1,000만 원에 월세 35만 원이면 (35 × 12) ÷ (1억 - 1,000)입니다.

420 ÷ 9,000 = 4.6%입니다. 은행 정기예금 금리가 1.2%이고 기대 수익률(위험률) 3%를 더하면 4.2%입니다. 4.6%가 기준인 4.2%보다 높

으니 합격입니다. 4.2%보다 낮을 경우는 일자리의 증가와 교통 편리성 개선으로 앞으로 좋아질 여지가 있는지 확인하고 가능하다면 좀 더 세밀한 분석을 통하여 투자할 수도 있습니다.

5단계 – 대출 수익률 확인

대출을 활용하면 투자 금액을 줄일 수 있고 수익률을 더 높일 수 있으니 대출을 포함한 수익률을 분석합니다. 대출 금리와 대출 가능 금액을 확인하여 대출 수익률을 확인합니다.

대출 가능 금액과 대출 이자는 상황에 따라 다릅니다. 개인별로 신용도와 수입이 다르므로 전문 대출 상담사와 상담하는 것이 좋습니다.

예를 들어 매매가의 70%인 7,000만 원을 3.5%의 이자율로 대출받는다고 하면 연 이자는 245만 원입니다.

(420 – 245) ÷ (1억 – 1,000 – 7,000) = 8.7%가 됩니다.

투자 금액은 2,000만 원으로 줄어들고 수익률은 8.7%로 높아지니 좋은 투자입니다.

6단계 – 대지 지분 확인

등기부등본을 보면 대지 지분이 나옵니다. 공인중개사 사무소 소장에게 물어보아도 됩니다. 제곱미터 × 0.3025 혹은 제곱미터 ÷ 3.3을 하면 평으로 환산할 수 있습니다. 대지 지분이 큰 부동산은 재건축이나 재개발이 가능하므로 장기 보유에 유리합니다.

7단계 – 생활 편의 시설 확인

일자리가 있는 곳에는 젊은 부부가 있습니다. 그들의 자녀가 다닐 좋은 초등학교가 있는지, 아이가 아프면 갈 수 있는 병원과 생필품을 쉽게 구입할 수 있는 마트와 편의점 등이 있는지, 은행을 비롯한 관공서와 문화 시설 등이 갖추어 있는지를 확인하면 됩니다.

8단계 – 기타 환경 확인

주차장이 넉넉한지, 남향인지 동향인지, 로열 층인지, 거실 창문에서 무엇이 보이는지, 인근에 공원이나 호수 산책로가 있는지, 공기는 좋은지 등을 파악합니다.

단계별 확인	시세, 현장 확인	분석	비고
1. 일자리	신규 일자리, 확대 일자리	종업원 수, 연봉 크기	OK
2. 교통	신규 지하철, GTX, KTX 등	일자리 접근성, 착공 시기	OK
3. 전세가율	매매가 1억 원 전세가 8,000만 원	전세가율 80%	OK
4. 임대 수익률	월세가 (보증금 1,000만 원, 월세 35만 원)	임대 수익률 4.6%	OK
5. 대출 수익률	대출 가능액, 7,000만 원 금리 3.5% = 245만 원	175 ÷ 2,000 = 8.7%	GOOD
6. 대지 지분 확인	등기부등본의 대지 지분 확인	5평 × 1,700 = 8,500	GOOD
7. 생활 편의 시설	초등학교, 병원, 쇼핑센터, 편의 시설	안전하고 살기 편한지	OK
8. 기타 환경	주차장, 남향, 층수, 뷰, 공원, 대기	세부 점검 사항	OK

부록

부동산 투자처 분석 사례

투자처 분석 포인트

필자는 투자처의 가치를 판단할 때 다음 사항들을 분석 포인트로 삼습니다. 어떤 곳에 투자할 것인가를 결정하기 전에 그곳의 가치를 따져보는 것입니다.

■ 일자리

직장이 있으면 집이 필요합니다. 직장의 유무와 직장의 흥망성쇠는 집값에 큰 영향을 미칩니다. 연봉이 높은 직장이 밀집되어 있고 그곳의 직장인 수와 연봉이 늘어나면 30분 이내에 출근할 수 있는 곳은 반드시 집값이 상승합니다.

■ 교통

지하철이 생기는 것이 중요한 것이 아니라 그 지하철이 몇 개의 큰 일자리를 관통하느냐가 중요합니다. 2호선은 을지로와 테헤란로를 지나고, 9호선은 마곡·여의도·강남을 지납니다. 그래서 2호선과 9호선 역 주변 지역의 인기가 높은 것입니다.

■ 전세가율

전세 가격은 실수요를 반영합니다. 다만 맹신은 말고 필수적으로 참고해야 합니다. 전세 가격을 매매 가격으로 나누면 전세가율이 나옵니다.

■ 임대 수익률

임대 수익률도 맹신할 필요는 없습니다. 우리나라는 아직 아니지만 외국에서는 수익률을 기반으로 매매 가격을 산정합니다. 우리나라도 머지않아 그렇게 될 가능성이 높습니다. 기본 수익률을 계산하고 자신의 신용도

에 따른 대출 금리와 대출 가능 금액을 대입하면 대출 수익률을 계산할 수 있습니다.

저는 기본적으로 은행 정기예금 금리보다 3% 높은 수익률을 기준으로 잡고 그것보다 높은 투자처에 투자합니다. 수익률이 높다는 것은 매매 가격이 구입했을 때보다 많이 올랐다는 의미입니다. 부동산 하락기가 오면 매매 가격이 낮아지므로 수익률이 높은 부동산을 쉽게 찾을 수 있습니다.

■ 대지 지분

대지 지분이 높으면 시간이 지나도 가격이 오르는 부동산이 됩니다. 재개발, 재건축이 가능하기 때문입니다. 대지 지분은 부동산의 근원적 가치이지만 서울과 서울에 근접한 지역 외에는 의미가 없습니다. 지방에는 빈 땅이 많아서 그곳에 짓는 편이 기존 건축물이 있는 땅을 재개발하거나 재건축하는 것보다 비용 면에서 유리하여 수익성이 없기 때문입니다.

■ 생활 편의 시설

생활 편의 시설로는 초등학교와 마트 등이 가장 중요합니다. 소형 주거용 부동산을 찾는 사람 중에는 젊은 부부가 많기 때문에 어린 자녀가 안전하게 다닐 초등학교가 중요합니다. 그 밖에 쇼핑 시설, 은행, 관공서, 공원이 있으면 좋습니다.

■ 기타 환경

기타 환경으로는 거실에서 보이는 뷰, 남향·동향 여부, 층수, 주차면적 등을 따져 봅니다. 내가 살기 좋은 집이 남에게도 전세나 월세를 주기 좋습니다.

투자처 1. 미금역

성남 미금역 ○○오피스텔은 27평형으로 실내가 꽤 넓습니다. 그래서 주거용으로도 사용하지만 소호 사무실 등 업무용으로도 많이 사용합니다. 필자가 낙찰받기 전에는 마사지 숍으로 사용되었습니다. 상가가 밀집된 곳으로 사람들이 점점 더 많이 몰리는, 발전하는 지역입니다.

대지권이 3평에 불과하여 부동산의 근원적인 가치가 적어서 재건축은 힘들지만 지하철역에서 1분 거리라는 입지적 우월성은 바뀔 수 없는 가치입니다. 따라서 향후 신분당선 미금역이 개통되어 더블 역세권이 되면 그 가치는 더욱 올라갈 것입니다.

2007년에 8,422만 원에 낙찰받았고, 2017년 현재 1억 7,000만 원 선에서 거래가 됩니다. 전세가는 1억 4,500만 원입니다. 월세는 보증금 1,000만 원에 월세 60만 원입니다. 더블 역세권이 되면 더 올라갈 것으로 예상합니다.

투자 체크리스트	평가	분석
1. 일자리	상	2001아울렛, 분당서울대병원, 네이버, 중심상업지역
2. 교통	상	지하철역에서 1분 거리, 2017년 신분당선역 개통예정
3. 전세가율	상	매매가 1억 7,000만 원, 전세가 1억 4,500만 원, 전세가율 85%
4. 임대 수익률(대출 수익률)	상	보증금 1,000만 원에 월세 60만 원. 현재 4.8%, 과거 9.7%
5. 대지 지분	하	대지 지분 3평 ÷ 27평형 = 대지 지분율 11%
6. 생활 편의 시설	상	초등학교, 백화점, 병원, 중심상업지역 잘 되어 있음
7. 기타 환경	상	좋음

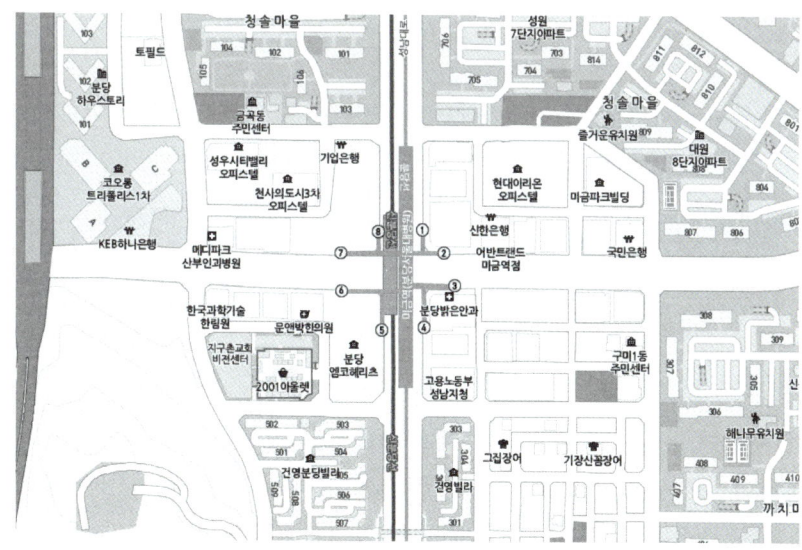

투자처 2. 아산병원

투자처를 찾던 중 우연히 서울 아산병원을 지나가게 되었습니다. 그 당시 아산병원의 오른쪽 부분을 공사 중이었는데, 알아보니 암 병동을 증축한다고 했습니다. 암환자는 병원에 막대한 수익을 가져다줍니다. 기본 검사비만 2,000만 원이 넘고 수술비와 항암치료비까지 암환자 1인당 총 5,000만 원 이상의 엄청난 수익을 가져다줍니다.

주식 투자자라면 아산병원의 주식을 사야겠지요. 부동산 투자자라면 어떻게 할까요? 병원에는 의사보다 더 많은 간호사가 필요합니다. 1,000명을 신규 채용한다는 정보를 입수했습니다. 병원은 24시간 운영하니 3교대의 인원이 필요할 것입니다. 그럼 간호사는 피곤하겠지요. 그들은 어디에 집을 구할까요? 아산병원에서 가장 가까운 거리에 있는 싸고 깨끗한 곳을 원할 것입니다. 그래서 아산병원에서 길만 건너면 되는 5분 거리의 풍납동 빌라를 매입하였습니다.

일자리라는 것이 꼭 테헤란밸리, 무교동, 여의도 증권가, 구로 가산디지털단지, 판교테크노밸리처럼 크지 않아도 됩니다. 분당서울대병원, 강북삼성병원, 혜화서울대병원도 매우 큰 일자리입니다.

풍납동 빌라는 17평형, 대지권 5.7평, 방2, 거실, 주방, 화장실로 2007년 당시 매매가 1억 원, 전세가 7,000만 원이며, 지하철 강동구청역과 5분 거리입니다. 세입자는 10년간 대부분 간호사였습니다. 방이 2개이므로 간호사 두 분이 함께 사용했습니다.

투자 체크리스트	평가	분석
1. 일자리	상	아산병원 간호사 1,000명 신규 채용
2. 교통	상	지하철역 500미터 거리, 아산병원 500미터 거리
3. 전세가율	상	매매가 1억 7,000만 원, 전세가 1억 4,000만 원, 전세가율 82%
4. 임대 수익률(대출 수익률)	중	보증금 1,000만 원에 월세 50만 원, 현재 3.8%, 과거 6.7%
5. 대지 지분	중	대지 지분 5.7평 ÷ 17평형 = 대지 지분율 33%
6. 생활 편의 시설	상	올림픽공원 300미터, 초등학교, 중학교, 마트
7. 기타 환경	상	좋음

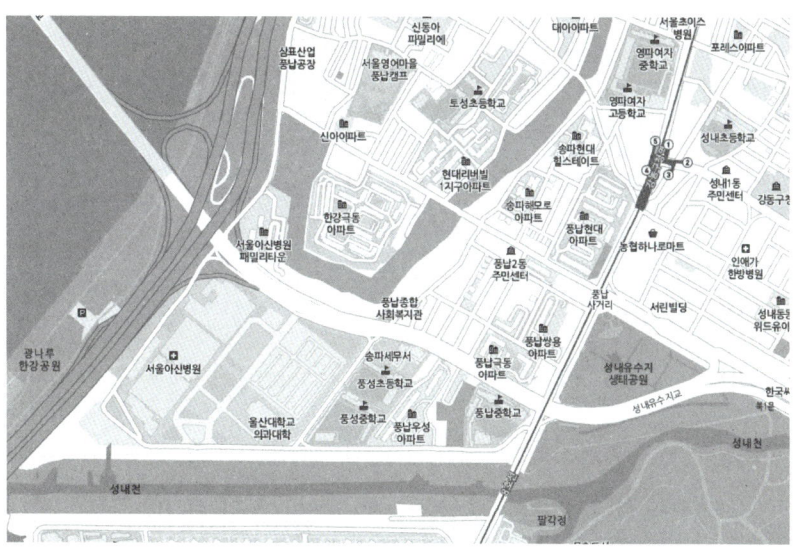

투자처 3. 구로 가산디지털 단지

서울의 큰 일자리 가운데 하나가 구로 가산디지털 단지입니다. 그 중 일부인 독산역을 중심으로 많은 업체와 공장이 밀집하여 있는데, 그 지역은 주거단지로서는 적합하지 않습니다.

그곳에서 금천고가차도를 건너면 큰 아파트 단지가 나옵니다.

하안주공아파트는 살기 좋은 아파트 단지입니다. 1990년에 완공되어 27년이 지나 리모델링이나 재건축 이야기가 계속 나오고 있습니다. 19평형이 지하철역에서 10분 거리, 대지권 9.5평으로 2007년 매입가는 1억 3,850만 원, 전세가는 8,000만 원이었습니다.

2017년 현재 매매가 2억 5,500만 원, 전세가 1억 5,500만 원, 월세가는 보증금 2,000만 원에 월세 60만 원입니다.

투자 체크리스트	평가	분석
1. 일자리	상	구로 가산디지털단지
2. 교통	상	지하철역 독산역 10분 거리
3. 전세가율	중	2007년 58%, 2017년 61%
4. 임대 수익률(대출 수익률)	하	보증금 2,000만 원에 월세 60만 원. 현재 3%, 과거 6%
5. 대지 지분	상	대지 지분 9.5평 ÷ 19평형 = 대지 지분율 50%
6. 생활 편의 시설	상	안양천공원, 초등학교, 중학교, 하안사거리
7. 기타 환경	상	좋음

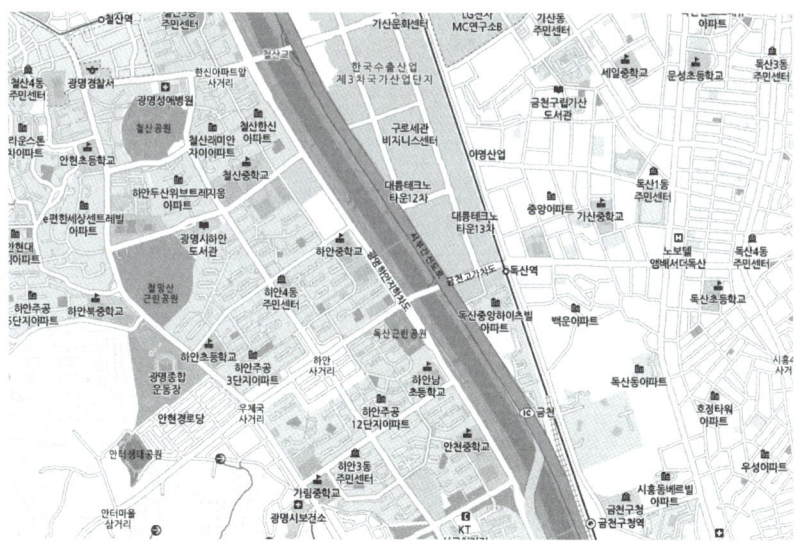

투자처 4. 천안아산역

천안의 미래는 천안아산역이 될 것이라고 생각했습니다. 천안아산역을 중심으로 많은 업무시설 건설 계획이 있었기 때문입니다. 그러나 천안아산역은 모두 수용된 땅이라 그곳에 분양되는 부동산은 가격이 비쌀 것으로 예상되었습니다. 천안아산역에서 가장 가까우면서 천안아산역의 업무시설로 출근하는 직원들이 주거하기 편한 곳을 생각해보니 지하철로 한 정거장 떨어진 쌍용역이 떠올랐습니다.

○○아파트는 천안아산역, 쌍용역, 나사렛대학에 둘러싸여 있으며 인근에 롯데마트 상가, 초등학교가 있습니다. 1994년에 완공되었으며, 20평형이 대지권 9.4평, 지하철역에서 5분 거리로 2007년 매매가 6,450만 원, 전세가 5,300만 원이었습니다. 2017년 현재 매매가는 1억 2,000만 원, 전세가는 9,000만 원, 월세가는 보증금 1,000만 원에 월세 45만 원입니다.

한때 가격이 꾸준히 올랐으나 현재는 정체 및 하락 현상을 띠고 있습니다. 그 이유는 인근의 불당동과 천안아산역에 아파트가 너무 많이 공급되어 입주가 계속 되고 있고, 천안아산역에 설치하기로 했던 업무시설이 취소되고, 탕정산업단지에서 평택산업단지로 일자리가 옮겨 갔기 때문입니다. 이 하락은 앞으로 2년간은 더 지속될 것으로 보입니다. 쌍용역은 지하철 이용객이 많지 않고 운행 간격도 길어서 역세권 효과는 서울에 비하여 상대적으로 약합니다.

투자 체크리스트	평가	분석
1. 일자리	상	탕정산업단지, 천안아산역, 나사렛대학교
2. 교통	중	지하철역 쌍용역 10분 거리
3. 전세가율	상	82%
4. 임대 수익률(대출 수익률)	상	보증금 1,000만 원에 월세 45만 원. 현재 4.9%, 과거 9.9%
5. 대지 지분	상	대지 지분 9.4평 ÷ 20평형 = 대지 지분율 47%
6. 생활 편의 시설	상	월봉산, 초등학교, 중학교, 롯데마트
7. 기타 환경	상	좋음

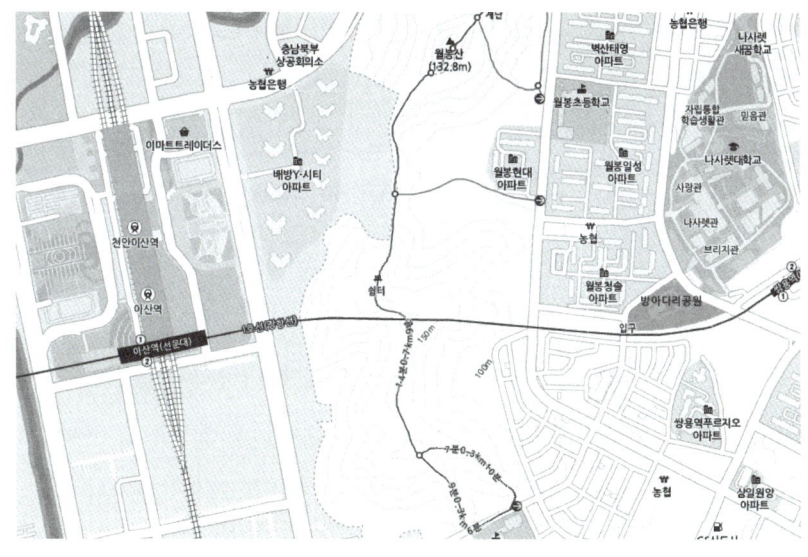

투자처 5. 서울의료원

중랑구 신내동의 아파트를 구입할 때 맞은편에 넓은 빈 땅이 있었고, 그곳에 서울특별시 서울의료원이 생길 예정임을 알게 되었습니다. 그 당시에는 정확한 자료가 없었지만 꽤 큰 병원이 생길 것이고, 그렇게 되면 간호사를 많이 고용할 것이고, 건축 기간은 몇 년이 걸리겠지만 2007년 당시의 상태도 나쁘지 않으니(14평형 아파트 매매가 8,750만 원, 전세가 7,000만 원으로 전세가율이 80%) 투자하고 기다리면 반드시 성공하는 경우였습니다.

더구나 2007년 초는 모두 중·대형 아파트만 선호하고 똑똑한 한 채만을 고집하던 시기라 소형 아파트에 투자하는 사람이 전혀 없어서 매매가가 1억 원에서 8,500만 원으로 15%나 하락한 시점이었습니다. 그 때문에 당시 평균 전세가율 50~60%보다 훨씬 높은 80%의 전세가율로 리스크는 전혀 없었습니다.

위치는 변방이었지만 2007년 당시로도 세입자는 3일 안에 구할 수 있는 임대하기 좋은 부동산이었고, 향후에 서울의료원이 개원하면 가격이 상승할 곳이었습니다. 서울의료원과 100미터 거리, 6호선 봉화산역과 350미터 거리입니다.

마침내 2011년 5월 25일에 중랑구 신내동에 서울의료원이 신축 개원하여, 이후 2013년 8월 30일에 서울시립병원 평가 1위, 2015년 12월 7일 보건복지부 지역거점 공공병원 운영평가 전국 1위(2년 연속),

보건복지부 공공보건 의료계획 시행 결과 평가 전국 1위, 보건복지부 공공보건프로그램 사업 수행 전국 1위로 평가될 만큼 성공적으로 운영되고 있습니다.

2017년 현재 매매가 1억 9,000만 원, 전세가 1억 4,000만 원, 월세가는 보증금 1,000만 원에 월세 55만 원입니다.

투자 체크리스트	평가	분석
1. 일자리	상	서울의료원 신축 예정
2. 교통	상	지하철역 350미터 거리, 아산병원 100미터 거리
3. 전세가율	상	2007년 80%, 2017년 73%
4. 임대 수익률(대출 수익률)	중	보증금 1,000만 원에 월세 55만 원. 현재 3.6%, 과거 8.5%
5. 대지 지분	상	대지 지분 6.5평 ÷ 14평형 = 대지 지분율 46%
6. 생활 편의 시설	상	봉화산근린공원, 초등학교, 중학교, 마트
7. 기타 환경	상	좋음

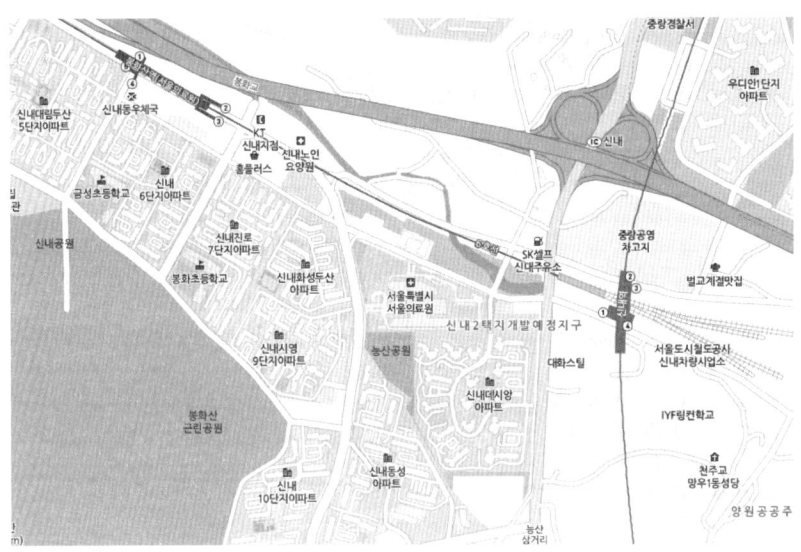

투자처6. 수원시청역

수원의 인계동은 갤러리아 백화점과 더불어 업무용 빌딩이 많고 수원시청이 있어서 유동인구가 많은 곳입니다. 수원시청역이 생길 예정이라는 것을 알고 투자를 하려고 살펴보았습니다. 투자 시에 아파트는 투자금이 많이 들어서 지하철역 예정지에서 가장 가까운 오피스텔을 검색해보니 ○○오피스텔이 있었습니다.

오피스텔을 매입한 후에도 개통될 때까지 많은 시간이 걸렸지만 개통되기 이전에도 투자 가치가 충분하였기 때문에 개통될 때까지 그리고 개통된 후에도 반드시 성공할 수 있는 투자였습니다.

수원시청역은 수도권 전철의 일부인 분당선의 한 역으로 역 주변에는 수원시청, 수원올림픽공원, 경기도 문화의전당, 매탄중학교, 수원농수산물도매시장 등이 있습니다.

2008년 당시 17평형의 매입가는 7,350만 원, 전세가는 6,500만 원, 대지권은 1.52평입니다. 2017년 현재 매매가 1억 3,000만 원, 전세가 1억 2,000만 원, 월세가는 보증금 500만 원에 월세 60만 원입니다.

오피스텔은 대지 지분이 작아서 부동산의 근원적인 가치는 낮지만 지하철과의 접근성과 업무용 시설과의 입지가 좋으면 그 가치가 유지됩니다. 위치가 좋지 않으면 그 근방에 새로운 오피스텔이나 도시형 생활 주택이 생기면 공실이 되거나 임대료가 하락하는 일이 생기므로 주의해야 합니다.

오피스텔은 세법상 상가로 분류되어 취등록세, 중개수수료, 보유세가 비싸므로 투자에 주의해야 합니다. 오피스텔은 신규 분양보다는 기존 오피스텔의 수익률을 분석하여 구입하고 월세로 인하여 어느 정도 수익이 났을 때 되파는 방식을 취하는 것이 좋습니다.

투자 체크리스트	평가	분석
1. 일자리	상	수원시청, 삼성전자, 갤러리아백화점, 중심상업지역
2. 교통	상	지하철역 수원시청역 1분 거리
3. 전세가율	상	2017년 92%
4. 임대 수익률(대출 수익률)	상	보증금 500만 원에 월세 60만 원. 현재 5.8%, 과거 10.5%
5. 대지 지분	하	대지 지분 1.5평 ÷ 17평형 = 대지 지분율 8.8%
6. 생활 편의 시설	상	올림픽공원, 홈플러스, 백화점, 중심상업지역
7. 기타 환경	상	좋음

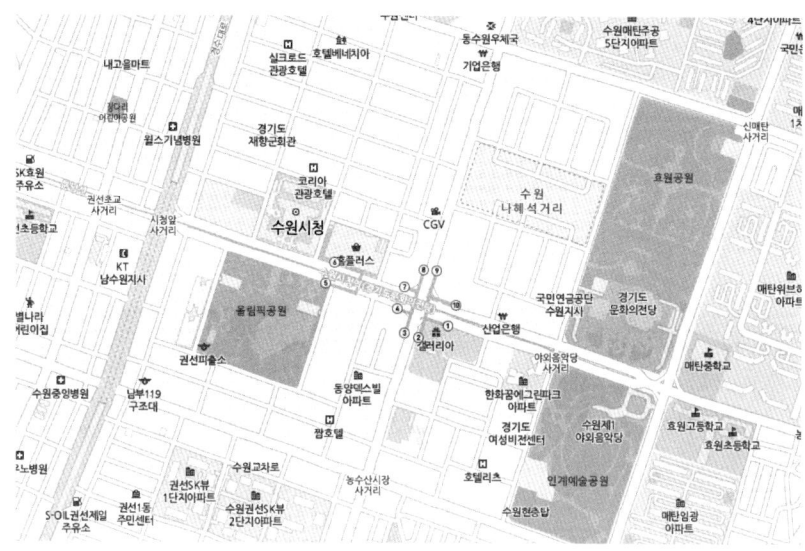

투자처 7. 신분당선

수원시 권선구 금곡동 ○○아파트 25평형은 1998년에 준공되었습니다.

2017년 현재 매매가는 1억 9,000만 원, 전세가는 1억 5,500만 원, 월세가는 보증금 2,000만 원에 월세 60만 원입니다.

서수원은 동수원에 비하여 개발이 덜 된 지역입니다. 하지만 향후 신분당선이 화서역에서 연결되면 수원, 판교, 강남 등의 주요 일자리와의 접근성이 좋아지므로 좋은 투자처가 될 가능성이 있습니다.(지하철에서 가장 중요한 포인트는 '핵심 일자리를 지나는가?' 입니다. 지하철 2호선과 9호선이 가장 투자가치가 높은 이유는 핵심 일자리를 관통하기 때문입니다.)

현재의 매매가도 평당 760만 원으로 높지 않고 전세가율도 81%이니 높고 수익률은 정기예금 금리 1.2%보다 3% 높은 4.2%이니 나쁘지 않습니다. 현재도 나쁘지 않은데 몇 년 후에 지하철 신분당선이 개통된다면 반드시 좋아질 것입니다. 성공할 수밖에 없는 투자처로 여겨집니다.

투자 체크리스트	평가	분석
1. 일자리	중	삼성전자, 수원역
2. 교통	하	지하철역 없음(앞으로 생길 예정)
3. 전세가율	상	81%
4. 임대 수익률(대출 수익률)	중	보증금 2,000만 원에 월세 60만 원. 현재 4.2%
5. 대지 지분	중	대지 지분 8.7평 ÷ 25평형 = 대지 지분율 35%
6. 생활 편의 시설	중	초등학교, 홈플러스
7. 기타 환경	상	좋음

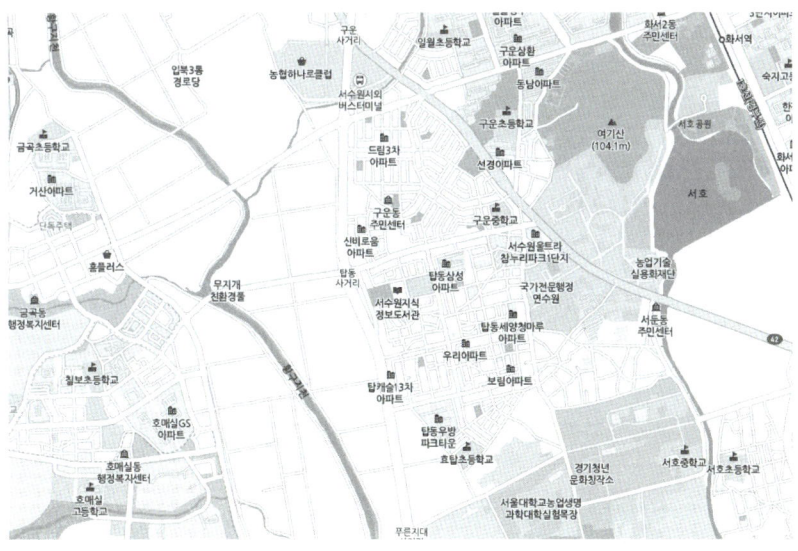

투자처 8. 송도

송도국제도시 경제자유구역에는 약 40조 원의 민간 자본이 조달된 세계 최대 규모의 민간 도시 개발 사업이 진행되고 있습니다. 인천광역시 연수구와 남동구의 해안에 여의도의 12배에 해당하고 인근 경기도 부천시의 관할 면적보다 큰 55km² 정도를 매립하여 간척지 위에 도시를 개발하고 있으며, 현재도 간척이 진행 중입니다. 2016년 3월에 인구 10만 명을 돌파했습니다.

주요 시설로는 송도센트럴파크, 송도워터프론트, 오션스코프, 동북아무역타워, 송도컨벤시아, 트라이볼, G타워, 인천대학교, 연세대 국제캠퍼스, 채드윅 송도국제학교, 인하대 송도캠퍼스 등이 있습니다.

단순한 신도시가 아니라 풍부한 일자리와 학교가 있는 좋은 투자처입니다. 문제는 매립 비용으로 인하여 송도의 땅값이 결코 싸지 않다는 것입니다. 이런 경우 송도에서 가장 가까운 곳에서 투자처를 찾으면 됩니다. 도시는 발전하면 확장하기 때문입니다.

송도를 벗어난 첫 번째 지하철역은 인천 지하철 1호선 동막역입니다. 여기서 지하철 1정거장만 더 가면 송도의 캠퍼스타운/해양경찰청입구(연세대학교)역입니다. 송도에는 부자들이 살지만 그들에게 서비스할 종업원도 많이 필요합니다. 그들이 송도에서 살 경제력이 안 된다면 송도에서 가까우면서 지하철 역세권인 소형 평수의 집을 찾지 않을까요?

다른 사람들은 송도에서 신규 분양하는 아파트를 줄 서서 청약받을 때 필자는 동막역 근처의 ○○아파트에 투자하였습니다. 서울이 사대문에서 확장했듯이 송도가 확장되면 동막역도 송도 생활권이 될 수 있습니다.

　18평형 아파트로 대지권이 15.1평입니다. 지금은 이전하였지만 미사일 기지로 인하여 고도제한이 있어서 최고층이 10층에 불과하고 층수가 낮으니 대지 지분이 큽니다. 시간이 지나 재건축을 해도 이익인 아파트입니다. 1993년에 완공되었으니 24년이 되었지만 살기에 좋습니다. 2007년에 1억 100만 원에 구입하였는데, 2017년 현재 호가는 2억 원이 넘습니다.

투자 체크리스트	평가	분석
1. 일자리	상	송도는 베드타운이 아니어서 많은 일자리가 필요
2. 교통	상	지하철역에서 3분 거리
3. 전세가율	상	매매가 2억 원, 전세가 1억 5,000만 원, 전세가율 75%
4. 임대 수익률(대출 수익률)	중	보증금 1,000만 원에 월세 60만 원. 현재 3.8%, 과거 8%
5. 대지 지분	상	대지 지분 15.1평 ÷ 18평형 = 대지 지분율 83%
6. 생활 편의 시설	상	초등학교, 마트, 병원 잘 되어 있음
7. 기타 환경	상	좋음

투자처 9. 영종도

2009년 11월에 계약한 영종도 하늘도시의 아파트는 계약 후 3년 반이 지난 2013년 5월에야 취득을 마쳤습니다. 필자는 기본적으로 신규 아파트를 분양받지 않습니다. 신규 빌라, 신규 오피스텔도 분양받지 않습니다. 그 이유는 분양과 완공에는 1~3년의 시간 차이가 있어서 전세와 월세의 시세를 정확하게 파악할 수 없기 때문입니다. 신규 분양을 받기보다는 완공 후 5~10년 된 부동산 중에서 가치 있는 부동산을 고르는 것이 더 쉽고 정확하기 때문입니다.

그런데 필자가 영종도 하늘도시의 아파트를 2009년에 분양받은 이유는 어마어마한 광고 때문이었습니다. 조선일보에서 부동산 특집으로 '영종하늘도시 모델하우스 수천 명 몰려'란 제목의 기사를 크게 낸 데다 영종브로드웨이, 밀라노디자인시티, MGM스튜디오, 레저관광단지, 메디시티, 외국인학교, 제3연육교 등이 본격적으로 추진 중이라는 광고가 있었습니다.

필자가 투자할 때 가장 중요하게 보는 일자리가 좁은 섬 안에 매우 밀집하여 생길 거라는 기대가 생겼습니다. 이것이 다 완성된다면 영종도는 일자리가 매우 많고 주거지가 매우 적은 지역이 되기 때문에 투자처로 적합하다는 판단이 들었습니다. 좀 더 확실하게 판단하기 위하여 스피드뱅크와 닥터 아파트에서 하늘도시를 분석한 유료 리포트를 구입하였습니다. 그 유료 정보지에는 모두 투자가 유망하다는 보고가 있었습니다.

그런데 건설업체는 부동산 포털업체의 광고주입니다. 광고주에게 불리한 분석 보고서를 쓸 리가 없습니다. 수많은 개발 계획도 MOU라고 합니다. 즉 지키지 않아도 되는 약속인 것입니다. 결국 영종도의 모든 개발 계획은 분양 완료 후 취소되었습니다. 그때 이후로 계약해지를 요구하는 소송이 계속 되었습니다.

2억 2,500만 원의 분양가는 1억 6,000만 원까지 하락했고 어떤 이는 신용불량을 무릅쓰고 잔금 납부를 거부하였습니다. 분양 후 3년이 지나서야 건설사에게 분양가를 5% 인하하라는 판결이 나왔습니다. 1,125만 원의 분양가 인하가 3년간 소송한 결과였습니다. 7~8년이 지난 지금 제2공항과 카지노의 영향으로 예전 분양가를 회복하긴 하였지만 많은 인플레이션과 마음고생을 감안하면 아직도 손해입니다.

이 사례를 통하여 배울 점은 호재를 감안한 투자는 공사를 시작한 후에 해도 늦지 않다는 것입니다. 보통 지하철역 주변은 발표-착공-완공의 각 단계마다 가격이 상승합니다. 필자가 투자한 경험으로는 발표-착공-완공-사용의 4단계로 상승합니다. 사용한 뒤의 반응이 좋으면 가격이 계속 상승합니다. 9호선이 그 좋은 예입니다.

필자는 이 4단계의 상승을 모두 맛보기 위하여 발표 단계에 투자하는 것을 반대합니다. 착공한 후 3단계만으로도 충분한 수익을 얻을 수 있고, 어떤 면에서는 투자기간이 짧아지기 때문에 더 좋은 투자가 될 수 있습니다. 발표 단계에서 투자하면 사업성에 의하여 투자기간이 아주 길어질 수도 있는데, 투자기간이 늘어난다는 것은 수익률의 감소를 뜻합니다. 필자가 영종도에서 실수한 것을 타산지석으로 삼아 현명한 투자를 하시기 바랍니다.

영종도 아파트의 매매가는 2017년 현재 24평형이 2억 2,000만 원, 전세가는 1억 5,000만 원, 월세가는 보증금 1,000만 원에 월세 55만 원입니다. 대지권은 10.2평입니다.

투자 체크리스트	평가	분석
1. 일자리	상	인천국제공항, 카지노, 호텔
2. 교통	중	지하철역 없음
3. 전세가율	중	1억 5,000만 원 ÷ 2억 2,000만 원 = 68%
4. 임대 수익률(대출 수익률)	하	보증금 1,000만 원에 월세 55만 원. 3%
5. 대지 지분	중	대지 지분 10.2평 ÷ 24평형 = 대지 지분율 42%
6. 생활 편의 시설	상	초등학교, 공원, 상가
7. 기타 환경	상	좋음

에필로그

'언제'가 아니라
'어디에'가 중요하다

　많은 사람이 부동산 투자는 타이밍이 중요하다고 합니다. 2014~2016년에 많이 상승했으므로 2012년이나 2013년에 서울이나 수도권에 남들이 사지 않았을 때 매입했으면 더 좋았을 텐데 하면서 후회합니다.

　경매를 할 때도 흠이 없고 명도가 쉽고 역세권에 좋은 부동산을 남보다 싸게 낙찰받고 싶어 합니다. 그렇게 2~3번 떨어지면 경매로 돈 버는 시기는 지나버렸다고 말합니다.

　수익률 강의를 3시간 동안 했는데 마지막 질문이 "4억 원 아파트의 전세가 3억 8,000만 원인데 갭투자(전세 가격과 매매 가격의 차이가 매우 적은 아파트를 매입하여 단기간에 전세 가격을 올려 매매 가격 상승을 유도하는 투자 방식)해도 되나요?"를 물어보는 사람도 있습니다. 계산해보니 기본 수익률이 2.3%에 불과합니다.

정확한 타이밍을 귀신같이 계산하는 사람도 있습니다. 그런 타이밍 투자법도 좋다고 생각합니다. 하지만 저는 여유자금이 생겼을 때 그 상황에서 가장 좋은 부동산을 사는 것도 좋은 투자법이라고 생각합니다.

삼성전자 주식을 20년간 사 모은 사람의 이야기를 들으면 경기가 좋을 때도 있고 안 좋을 때도 있었다고 합니다. 그래도 믿음을 가지고 꾸준히 샀다고 합니다. 작년보다 더 비쌀 때도 있었고 작년보다 더 쌀 때도 있었습니다. 그래도 꾸준하게 투자했다고 합니다.

부동산 투자도 그렇게 할 수 있다고 생각합니다. 저는 가능하면 장기 보유가 좋다고 생각합니다. 부동산은 침체기가 있고 호황기가 있습니다.

투자처가 없는 때는 없습니다. 투자처가 적을 뿐입니다. 투자자는 분석하고 필터링하여 좋은 투자처를 발견하면 됩니다. 코스피가 1,000에서 2,000으로 상승할 때도 마이너스 성장하거나 도산하는 기업이 있습니다. 코스피가 2,000에서 1,000으로 곤두박질쳐도 꾸준하게 성장하는 기업은 반드시 있습니다. 많다는 것이 아닙니다. 분명히 있다는 것입니다.

투자는 '그것'을 찾아내는 게임입니다. 그래서 부동산 투자는 '언제'가 아니라 '어디에'입니다. 지금도 가격이 하락하는 곳이 있고 불타오르는 곳이 있습니다.

　훌륭한 투자자는 자신의 투자 원칙이 있습니다. 그 원칙을 지키는 투자를 합니다. 세상과 환경이 바뀌어도 투자 원칙은 조금씩만 수정하고 보완합니다. 이렇게 했다가 방향을 확 틀어서 저렇게 하는 투자는 하지 않습니다.

　워런 버핏은 아무 주식이나 사지 않습니다. 자신의 투자 원칙에 부합하는 주식을 삽니다. 전반적으로 대부분의 주식 가격이 비싼 호황기에도 투자 원칙에 부합하는 주식만 삽니다. 그 주식이 비쌀 때는 사지 않습니다. 침체기에는 많이 삽니다. 자신이 좋아하는 주식을 싸게 살 수 있기 때문입니다. 침체기에는 그런 주식이 많습니다. 그는 그것을 바겐세일이라고 부릅니다.

　종합주가가 상투를 찍는 듯 최고점이라고 느껴지는 시기에는 투자할 주식이 없을까요? 아닙니다. 있습니다. 분명히 있습니다. 그런데 적습니다. 많지는 않지만 분명히 존재합니다. 수많은 회사가 생기고 사라지기 때문입니다.

　2017년 초 현재의 대한민국에 투자할 부동산이 없을까요? 모두 상투까지 올랐을까요? 아닙니다. 있습니다. 분명히 있습니다. 하지만 적습니다. 적지만 분명히 있습니다. 주식도 투자 가치가 있는 것은 전체에서 4%에 불과하다고 생각합니다. 부동산도 마찬가지입니다. 그것을 찾는 것입니다. 고수에게는 그것이 보입니다.

야구에서도 3할 때를 치는 우수한 타자들은 아무 공이나 치지 않습니다. 자신이 좋아하는 공이 있습니다. 스트라이크 존을 통과하는 수많은 공 중에서 자신이 좋아하는 공을 치겠다는 원칙을 세우고 기다립니다. 아무 때나 방망이를 휘두르지 않습니다. 자신이 잘 칠 수 있는 공을 칩니다.

그래서 부동산 투자는 '언제'가 아니라 '어디에'가 중요합니다. 부동산의 큰 특성 중 하나가 개별성입니다. 모든 지역의 부동산이 오르지도, 모든 지역의 부동산이 떨어지지도 않습니다. 개별적 차이를 이해하면 투자는 언제나 가능합니다.

또 하나 부동산 투자에서 중요한 것은 '운'입니다.

제가 한국에 태어난 것은 운입니다. 1969년에 태어난 것도 운입니다. 부지런하고 선한 부모님을 만난 것도 운입니다. 지금의 아내를 만난 것도 운입니다. 부동산 투자로 높은 수익을 올린 것도 운입니다. 이 세상에 작용하는 많은 것을 운이라고 할 수 있습니다. 다른 말로는 '우연'이라고 할 수 있습니다.

그런데 이스라엘의 유대인이 쓰는 언어에는 '우연'이라는 단어 자체가 없다고 합니다. 그들은 모든 것을 하나님의 섭리라고 합니다. 우연(운)이 아닌 섭리라고 합니다.

인간의 노력으로 제법 대단한 것을 만들 수 있습니다. 큰 회사, 큰 배, 큰 비행기, 큰 건물 등을 만들 수 있습니다. 나의 노력으로도 무언가를 만들어낼 수 있습니다. 하지만 하나님이 쓸어버리고자 한다면 그것들은 티끌처럼 사라질 수 있습니다.

많은 투자자와 세계에서 손꼽히는 부자가 흔적도 없이 사라지는 경우는 너무나 많습니다. 20년, 30년의 큰 흐름을 보지 않고 단기적인 성과에 우쭐한다면 그 사람에게 위기가 올 수도 있습니다.

부동산은 누구에게나 쉽게 허락되지 않습니다. 아무리 노력해도 그 물건을 살 수 없는 경우도 있고, 원래 사려고 했던 물건이 팔려서 갑자기 나온 훨씬 더 좋은 물건을 사게 되는 경우도 있습니다. 그런 우연(섭리)적 상황이 있습니다.

내가 이번에 부동산 투자로 많은 이익을 남겼다고 해도 그것이 모두 나의 실력은 아닙니다. 그 시대에 그곳에 있었기 때문이고, 외부적인 환경과 시류가 유리하게 작용한 부분이 분명히 있습니다. 그래서 항상 겸손해야 합니다.

항상 겸손한 마음과 남을 돕는 마음을 가진다면 보이지 않는 손이 당신을 도울 것입니다. 원칙에 맞는 투자를 하면서 그분의 뜻을 따르는 나눔을 행한다면 그분께서 당신을 도울 것입니다.

그런 마음 없이 단기 이익만을 추구하다가는 큰 위험에 직면할 수도 있습니다.

제가 이전에 출간한 책은 2009년 『노후를 위해 집을 저축하라』와 2016년 『노후를 위해 집을 이용하라』입니다. 모두 노후를 준비하자는 의미를 가지고 있습니다. '노후'라는 제목 때문인지 두 책 모두 엄청난 베스트셀러가 되었습니다.

10년 전만 해도 저는 30대 중·후반으로 인생은 길다고 생각했습니다. 10년이 지난 지금, 지난 시간을 돌이켜보면 인생은 결코 길지 않습니다. 이미 저도 인생의 절반 이상을 살았습니다. 이 책을 읽고 있는 독자 중에서 80년 후에도 지구에 남아 있을 사람은 거의 없습니다. 즉 당신이 지금 소유한 부동산과 앞으로 소유하게 될 부동산도 80년 후에는 당신의 것이 아닙니다. 아주 잠깐 당신의 손에 머물고 있는 것뿐입니다.

하나님은 우리에게 많은 시간과 재능, 물질, 젊음, 건강과 능력을 주시고 지구의 한 지역에 특정한 때에 우리를 파견하셨습니다. 그리고 먼 훗날 언젠가 당신께 물어보실 것입니다. 내가 너에게 준 특별한 시간과 재능, 물질, 젊음, 건강, 능력을 어디에 사용했냐고, 너만을 위하여 사용했느냐고.

우리는 노후보다 그 이후를 더 준비해야 합니다. 노후는 길어야 30년입니다. 그 이후는 영원의 시간입니다. 오직 예수를 구주로 영접하고 예수님을 사랑하는 선한 삶을 산 사람만이 천국에 갈 수 있습니다. 이 책을 읽는 모든 독자분이 주님을 구주로 영접하고 그분의 뜻대로 사시고 언젠가 반드시 천국에 가시길 소망합니다.

왜 나는 스피드옥션을 이용하는가

저자가 '스피드옥션'을 고집하는 이유!

경매를 하려면 발품도 팔아야 하지만, 손품을 파는것이 더 중요합니다. 경매라는 전쟁터에서 손품을 팔기 위해서, 유료로 제공하는 경매정보사이트가 필수적입니다. 삽질 수백번보다, 포크레인 한번이 훨씬 효과적이기 때문입니다. 스피드옥션은 메인 경매정보 사이트 중에서 가장 경제적입니다. 합리적인 가격과 정확한 정보, 각종 추가정보를 제공하는 스피드옥션 이용을 권장합니다.

25만 회원이 함께하는 대한민국 대표 법원경매정보
스피드 옥션에서 전국 모든 경매 물건의
자세한 정보를 확인하세요!

스피드옥션 speedauction.co.kr

구글플레이스토어 (※ 아이폰은 지원 안함)

 웹브라우저 실행하여 m.speedauction.co.kr 접속하면 모바일 페이지 사용이 가능합니다.

25만 회원이 함께하는
대한민국 대표 법원경매정보 스피드옥션에서
전국 모든 경매물건의
자세한 정보를 확인하세요!

speedauction.co.kr

- 편리한 경매검색! 종합검색, 관심지역검색, 역세권검색, 지도검색, 맞춤검색, 지역검색, 법원별, 일정별 등
- 정확하고 보기쉬운 물건 상세페이지 (페이지 스타일 선택가능)
- 빠른 경매결과 제공! 법원보다 빠르게 경매결과를 확인!!
- 국내 최정상급 경,공매 전문가들과 함께하는 보다 전문화된 서비스제공
- 경매와 관련한 모든것을 한눈에! (동영상강좌, 상담실, 금융서비스, 경매 절차, 용어, 서식 등)
- 특화된 개인 서비스! (관심물건 서비스, 물건정보 전달, 휴대폰전송, 사건공유, 모의입찰 등)